Alles wird gut

Auerbach Verlag

STEFAN GOEDECKE
Alles wird gut
Eine liebevolle Geschichte über das
große Leben in einer kleinen Kirsche

Dieses Buch ist nur für dich.

Mögen dich die Magie, die Märchen und Helden deiner Kindheit dein ganzes Leben lang begleiten.

Edition Auszeit, Auerbach Verlag und Infodienste GmbH,
Oststraße 40 – 44, 04317 Leipzig, www.av.de

Illustrationen, Schriften: © Auerbach Verlag, © SvetaArt/stock.adobe.com, © Tom Chalky – tomchalky.com
Layout-Gestaltung: Sema Altuntas – samydesignstudio.com; Korrektur: Kim Trank
Illustrationen/Schriften: Auerbach Verlag

Druck und Bindung: Multiprint, Kostinbrod (Bulgarien)

ISBN 978-3-948537-08-1

4. Auflage 2024

– www.alleswirdgut-buch.de –

Auerbach Verlag

Inhalt

Das Haus in der Kronenstraße

Es wurde langsam aber sicher warm. Und grün. Die alten, riesigen Akazienbäume in der kleinen Allee, die zum Waldhaus ihrer Großeltern führte, zeigten sich Mia in ihrer schönsten grünen Pracht und verströmten einen himmlisch-süßen Duft. »Hmm«, dachte sich das kleine Mädchen, »Der Mai ist wirklich ein Monat voller Wunder«.

Mia liebte den Garten ihrer Großeltern, sie liebte die Geschichten, die Opa erzählte und den Kuchen, den Oma meist sonntags zubereitete. Sie war vor wenigen Wochen zehn Jahre alt geworden und durfte nun die fünf Haltestellen mit der Bahn vom Zentrum der kleinen Stadt zur Kronenstraße, wo Oma und Opa schon ihr Leben lang wohnten, ganz alleine fahren. Sie fühlte sich schon ziemlich groß, als sie so das erste Mal ihre Großeltern alleine besuchte. Die Zeit bei Oma und Opa war immer etwas Besonderes, denn sie lief anders ab – irgendwie langsamer und etwas abseits der hektischen Betriebsamkeit am Theaterplatz, wo sie mit ihren Eltern wohnte. Mia war natürlich auch gerne zu Hause, nur hatten Mama und Papa immer so schrecklich viel zu tun, dass manchmal gar keine Zeit mehr zum Rumtoben, Basteln, Rausgehen und Spielen blieb.

Oma und Opa hatten einen riesigen Garten mit schönen, richtig alten Obstbäumen und einem wundervoll duftenden wilden Rosenbeet gleich neben den Himbeeren. Dort gab es immer viel zu erleben. Oft konnte sie hier Eichhörnchen beobachten, die sich im September so gerne die Haselnüsse von Opas Lieblings-Strauch für ihren Wintervorrat stibitzten.

Der Garten war ein kleines Wunder für Mia, denn er steckte voller Abenteuer. Es gab so viel zu bestaunen, das kleine Kinderaugen so gerne sehen: Bienen, Tulpen, Spatzen, Obstbäume, einen alten Schuppen mit einer Holzleiter, der schon zwei Sprossen fehlen. Sogar ein paar Hühner gehörten zu dem Hof dazu, sodass es bei Oma und Opa immer frische Eier zum Sonntag gab. Das waren natürlich die besten Eier, die sie kannte. Mama war von »Oma hier und Opa da« schon manches Mal genervt, wenn Mia nach ihrer Rückkehr von ihren Abenteuern berichtete. Vielleicht war sie ja ein bisschen neidisch. Aber natürlich freute sie sich, dass Mia so gerne bei ihren Großeltern war.

Mias Lieblingsplatz im Garten war der große, schon ziemlich alte Kirschbaum ganz hinten neben der Pforte, die in das kleine Wäldchen dahinter führte. Denn sie liebte Kirschen. Süß, saftig und dennoch irgendwie herzhaft im Geschmack waren die Früchte des Baums. Kühl war es in seinem Schatten und sein dichtes Blätterwerk war wie ein kleines Regendach, unter dem sie weiterspielen konnte, wenn es ein wenig tröpfelte. Opa hatte eine kleine Schaukel an einen der mächtigen Äste befestigt, in der sie wunderbar hin- und herschwingen konnte. Dabei konnte sie alles rings um sich herum vergessen und einfach nur den Kirschen beim Wachsen zuschauen.

Der Kreislauf des Lebens beginnt

Wenn sie bei ihren Großeltern war, machten es sich Oma und Mia in diesem Jahr zur Gewohnheit, jeden Morgen nach dem Aufstehen den Kirschbaum zu besuchen. Denn Oma mochte ihren Kirschbaum genauso gerne wie Mia, er war ihr wichtig – schließlich begleitete er sie nun schon fast durch ihr halbes Leben. Sie hat ihn selbst gezogen und gepflanzt, als Mias Mama geboren wurde. Fast 35 Jahre ist das jetzt her. Oma hielt auf dem Weg zum Baum kurz inne und gönnte sich ein Lächeln ganz für sich alleine mit dem Gedanken an ihre Tochter, die sie damals, an diesem wunderschönen Tag im Mai in den Armen hielt, während Opa mit dem Spaten ein Bett für den Baum vorbereitete. Früher hatte sie gerne und oft gelacht, auch alleine.

Heute ersetzte mehr und mehr das wissende Schmunzeln eines großen Lebens das unbeschwerte Lachen einer Jugend. Liebevoll blickte Großmutter ihre Enkelin an. »Sie hat so viel von ihrer Mutter«, dachte sie wie so oft, wenn sie Mia beobachtete. Verstohlen wischte sie sich eine Träne von der Wange. Das passierte ihr in den letzten Wochen häufiger, wenn sie sich an die vielen kleinen und großen Wunder erinnerte, die sich in ihrem Leben ereignet hatten. Noch ein wenig Zeit verbrachte sie mit ihren Gedanken, bis Mia sie vorsichtig am Ärmel zupfte.

»Woran denkst du, Oma?«, fragte sie Mia.

»Weißt du, Mia«, meinte Oma versonnen, »das Leben meint es gut mit uns. Immer wenn wir beinahe vergessen, wie schön es hier ist und wie wundervoll diese Welt doch sein kann, schickt es uns einen kleinen Engel, um uns wieder daran zu erinnern. Er begleitet uns dann ein Stück unseres Weges, bis wir sicheren Halt gefunden und wieder gelernt haben, glücklich zu sein«.

»Kleine Engel wie dich«, ergänzte Oma noch und strubbelte ihrer Enkelin durch die dichten, zerzausten Haare. Mia verdrehte die Augen.

»Oooma…, ich bin doch jetzt schon ein großer Engel – ich darf schon ganz alleine zu euch fahren«, erinnerte Mia ihre Großmutter stolz und mit einem leisen Vorwurf in der Stimme. Dass die Erwachsenen das auch immer wieder vergessen müssen…

Gemeinsam genossen die beiden noch ein wenig die Stille des Baumes, bis Oma schließlich ihre Enkelin am Ärmel zupfte und sie sanft aus ihren Träumen holte. Die Sonne hatte am späten Nachmittag noch nicht die Kraft, die Luft noch in den Abend hinein zu wärmen. Es wurde langsam kälter, selbst unter der dichten Baumkrone. Oma nahm Mia schützend in den Arm und ging mit ihr langsam zu dem alten Steinweg, der zum Haus führte. Mit einem letzten Blick auf den Kirschbaum sagte sie leise zu ihrer Enkelin: »Morgen, morgen kommen wir wieder, mein Kind. Dann schauen

wir uns die Wunder des Lebens an, die sich über Nacht ereignet haben. Denn weißt du: Das Leben ist wie eine Kirsche. Wenn wir erblühen, schmeckt das Leben so intensiv und süß, dass man gar nicht genug davon bekommt. Unsere Tage sind endlos und die Nacht liegt im Schatten der Sonne hinter einem ewigen Horizont verborgen. Wir wachsen täglich zum Licht und entdecken so in unserem Leben mit jedem Morgen neue Wunder. Wie die Kirsche, wirst auch du dann eines Tages auf Reisen gehen, Altes loslassen, um dein Sein in ganzer Blüte dieser Welt zu zeigen. Doch wie die Frucht bekommt auch unser Leben irgendwann die ersten Dellen, wir sehen Risse in unserer Haut, Wunden, die dir weh tun und nicht mehr so einfach heilen werden. Doch an allem, was Dir in deinem Leben begegnen wird, wirst du wachsen. Dein Weg wird dir zeigen, dass du die Gabe in dir trägst, diese Verletzungen in Liebe zu verwandeln, Kraft aus deinen Wurzeln zu schöpfen, um aus deinen Wünschen Wirklichkeit werden zu lassen. Du wirst erkennen, dass die Risse in deiner Haut nur Teil einer Hülle sind, die mit der Zeit vergeht. Denn in dir ist die ganze Süße des Lebens, aber auch die ganze Verantwortung des Seins. Und es braucht nur ein wenig Erde, Wasser und die eine oder andere liebevolle Hand, damit sich dein wahres Selbst entfalten kann und du zu wahrer Blüte gelangst.

Mia überlegte ein wenig, schaute ihre Oma dann mit ihren großen braunen Augen staunend an: »Du meinst also, ich bin eine Kirsche, Oma?«

Lachend nahm Oma Mia an die Hand »Naja, du bist ja auch genauso süß wie eine«, zwinkerte sie ihr zu. Fröhlich gingen beide nun zügig in der kühlen Abendluft zum Haus zurück.

Die Bienen: Über das Teilen und Schenken

Am Sonntagmorgen kitzelte ein kleiner Sonnenstrahl-Engel Mias Nase. Sie nieste und erinnerte sich augenblicklich daran, wie schön doch ihr Kirschbaum war, dass ihr Teddy, den sie liebevoll Schwabbel nannte, gerade einsam war und dass sie heute am frühen Abend zu Hause sein sollte. Manchmal konnte das mit dem Erinnern ziemlich stressig sein, gerade wenn man an so viele Sachen gleichzeitig erinnert wird. Aber da es nun einmal so war, sprang sie aus dem Bett und sauste, noch bevor sie ihre Zähne geputzt hatte, zu ihrer Großmutter und bettelte solange, bis sich Oma ihren Morgenmantel umlegte und mit ihrer Enkelin den noch nebeligen Weg durch den Garten zum Kirschbaum lief.

Einige mutige Knospen waren trotz der Kälte der Nacht in der Morgensonne bereits aufgeblüht. In der ruhigen, klaren Morgenluft war ein wundersames Summen zu hören. Eine

Biene flog gerade aus der Krone des Kirschbaumes davon, schwer beladen mit dem gelben, süßen Kirsch-Pollennektar.

Mia deutete auf die Biene und war empört:

»Schau mal, Oma, die Biene klaut der Blüte den süßen Nektar.«

Oma lächelte Mia an und sagte:

»Hielte der Kirschbaum an seinem Blütenpollen fest, müsste er ihn zwar nicht teilen, aber niemals würde er auch nur eine Kirsche an seinen Zweigen wachsen sehen. Wenn er aber an seinem Nektar auch die Bienen teilhaben läßt, schenkt er ihnen damit die Kraft, unermüdlich von Blüte zu Blüte zu fliegen und damit neues Leben zu verbreiten.
Und indem er etwas von sich gibt, bekommt auch er ein großes Geschenk. Denn nur so wird der Baum schon bald neues Leben an seinen Zweigen fühlen. Vielleicht weiß das der Kirschbaum tief in sich, vielleicht aber auch nicht. Es spielt keine Rolle. Denn was einzig zählt, ist die Bereitschaft, seinen Reichtum zu teilen und nicht auf ihm zu beharren, bis der goldene Nektar am Fuße des Baumes zu Staub zerfallen ist, ohne damit etwas Gutes bewirkt zu haben. Und unser Kirschbaum hat so viel Nektar, ich denke, er kann davon ruhig etwas abgeben. Meinst du nicht auch, Mia?«

»Schenken finde ich gut«, meinte Mia nachdenklich. »Denn meinen Freunden etwas Schönes von mir zu geben, macht Spaß, Oma«.

»Ich weiß, Mia«, sagte Oma, »erst gestern hast du uns dieses wunderschöne Bild von unserem Kirschbaum gemalt, das nun in unserer Küche hängt. Und wer weiß: Vielleicht bekommst du ja dank der Bienen auch bald ein paar leckere Kirschen«, neckte sie Oma weiter.

Mia nickte wissend und warf den Kopf in den Nacken, nahm die kleinen Hände vor die Stirn, damit die nun intensive Frühlings-Sonne sie durch das dichte Blattwerk nicht blendete. Sie schaute zufrieden und ausgiebig dem bunt summenden Treiben oben in der Baumkrone zu. Manchmal rief sie dabei einer Biene aufmunternd zu, sie solle noch ein wenig mehr Pollen mitnehmen…

Kirschblüte: Über die Schönheit des Lebens

Am nächsten Samstag besuchte Mia gemeinsam mit Mama und Papa ihre Großeltern. Am Hof angekommen, schob sich Mia an ihren Eltern vorbei in den Garten und schlich alleine zum Kirschbaum. Oma war schon da. Andächtig und ohne ein Wort zu sagen, schauten sie beide hoch in die Krone des Baumes. Er stand von einem auf den anderen Tag in voller Blüte, der Baum war einziges Meer aus zartrosafarbenen Blüten, lieblichem Duft und frischem Grün. Ein stetes Brummen klang aus seiner Krone an Mias Ohr – hunderte Bienen flogen von Blüte zu Blüte, allesamt schwer beladen mit dem süßen Blütenpollen. Fasziniert und ziemlich beeindruckt schaute Mia sich das bunte Treiben an.

»So viel Leben auf einem Fleck«, lachte Mia, »Oh wie schön das ist, das darf gerne immer so sein!«

Oma nickte bedächtig: »Wenn die Schönheit des Lebens ihren Gipfelpunkt erreicht und das Leben um dich herum und in dir pulsiert, ist kein Platz für dunkle Gedanken in deinem Herzen. Dann stehst du einfach nur da und bestaunst die Schönheit der Schöpfung. Es lohnt sich, innezuhalten und diese Wunder in Ruhe zu betrachten. So kannst du diese Momente in deinem Herzen bewahren, damit sie dir auf deinem Weg leuchten können, wenn du dich einmal in Dunkelheit und Nebel verlierst. Denn immer, wenn ein Sonnenstrahl auf eine Kirschblüte trifft, wirst du dich von nun an daran erinnern, wie kraftvoll und wunderschön das Leben ist.«

»Und an dich«, ergänzte Mia mit einem Lächeln und kuschelte sich an ihre Oma. Beide machten es sich auf einer Picknickdecke bequem. Die Sonne schien herrlich warm auf sie herab, während der Baum den beiden Besucherinnen kühlen Schatten spendete. Der Duft der Blüten betörte alles Leben im Garten und es dauerte nicht lange, da war Mia unter dem Baum eingeschlafen.

Der Plan des Lebens: Über das Vertrauen

Nur eine Woche später lag unter dem Kirschbaum ein Teppich aus weiß-gelben Blütenblättern. Viele der Blüten waren bereits verwelkt und nur noch einzelne Blütenblätter tupften hier und da ein wenig Weiß in das satte Grün des Kirschlaubes. Bienen summten nur noch vereinzelt durch das Kirschdickicht auf der Suche nach dem letzten süßen Nektar.

Mia war traurig. »Letzte Woche sah der Baum soooo viel schöner aus, Oma! Jetzt vergeht alles am Boden, was vor wenigen Tagen noch so wunderschön ausgesehen hat. Warum kann die Kirsche nicht immer so aussehen wie eine Prinzessin auf einem Wiesen-Ball?«

Oma nahm Mia in den Arm.

»Hab Vertrauen, mein Kind. Des Lebens Schönheit bringt wahre Wunder auf diese Welt. Manchmal muss dafür erst das eine vergehen, um dem anderen Platz zu machen. Denn keine äußere Schönheit ist von Dauer. Der Baum muss die Blüte gehen lassen, damit er eine Frucht hervorbringen kann. Schau nur genau hin und du wirst den Plan des Lebens erkennen. Wir sehen ihn nur oft nicht auf den ersten Blick. Denn das Leben hat viele Geheimnisse, die es gerne für sich behält. Manche Sachen müssen wir ja auch nicht wissen. Sie sind so gut und genau richtig, wie sie das Leben eingerichtet hat. Und auch wenn wir Menschen danach streben, alles verstehen und begreifen zu wollen, ist es doch schön, wenn man dem Leben noch einige Geheimnisse und Überraschungen lässt. Sonst wäre es doch ziemlich langweilig, oder Mia?«

Oma bat Mia näher an sich heran. »Schau, hier, an manchen Stellen kannst du schon kleine Kirschen wachsen sehen.«

Erst konnte Mia nichts erkennen. Auf dem ersten Blick wirkte für sie das Blätterdach verwirrend, planlos sogar – wie sollte sie hier eine kleine Kirsche entdecken? Aber einen Zweig, der sich unter der schweren Blätterlast zu ihr herunterbog, konnte sie näher betrachten. Plötzlich jauchzte sie überrascht auf:

»Oma, Oma, da sind ja wirklich kleine Kirschen dran!«

»Ist das nicht schön, Mia?«, sagte Oma. »Aus Leben entsteht Leben. Schau mal, du kannst an dem Ast noch eine verwelkte Blüte erkennen. Und aus ihr wächst schon eine neue kleine Kirsche.«

Mia schaute erstaunt auf den kleinen Zweig: »Also ist es gar nicht schlimm, wenn eine so hübsche Blüte so komisch hässlich wird?«

»Nein«, antwortete Oma, »das gehört dazu. Ein Stück der Schönheit der Blüte geht und spiegelt uns die Süße ihres Daseins in einer Frucht wider. Ich finde, das hat das Leben ganz schön gut

eingerichtet. Erst bist du bezaubert von dem Baum, freust dich über die schönen Blüten und hältst deine Nase daran, weil sie so schön duften.«

Oma stupste Mias Nase zärtlich. Das Mädchen lachte und drei kleine Falten auf ihrer Stirn und ihr wacher Blick verrieten, dass sie ihrer Großmutter konzentriert zuhörte.

»Wenn die Schönheit des Baums dann ein bisschen verblasst ist, wird er wenig später für die Natur auf seine Art sehr nützlich. Es wachsen Früchte an seinen Ästen. So ist er für uns, die Insekten und andere Tiere eine lebendige Vorratskammer.«

Das Mädchen lächelte.

»Siehst du, Mia: Wenn die Blüte nicht vergehen würde, wirst du keine Kirschen essen können«, neckte Großmutter ihre Enkelin. »Und du magst doch Kirschen, oder?«

»Ich mag aber auch die Blüte…«, dachte sie wenige Stunden später in ihrem Bett noch einmal darüber nach, was Oma ihr heute erzählt hatte und schlief kurz danach tief und fest ein.

Das Leben braucht Zeit: Über die Geduld

Eine Woche später sah ihr Baum ziemlich zerfleddert aus. Überall wuchsen jetzt kleine grüne Knollen an zahllosen Stielen. Mini-Kugeln, die von Tag zu Tag größer wurden. Es war ein Fest für die Ameisen, die auf dem Baum lebten, und auch die Stare stibitzten sich bereits die ein oder andere zartrot gefärbte Kirsche, denn sie kamen spielend leicht an die Früchte heran, die der Sonne am nächsten waren. Mia sah, dass viele der kleinen grünen Kullern am Boden lagen und nie die Chance haben würden, zu einer richtigen Kirsche zu reifen. Nur sehr wenige der Früchte am Baum, die in ihrer Reichweite waren, hatten bereits eine stattliche Größe und eine leichte Rötung erreicht. Sie war eigentlich ziemlich traurig, denn sie hatte gedacht, dass sie heute endlich eine erste Kirsche essen könnte.

Oma sah ihr die Enttäuschung an und sagte:

»Hab Geduld. Das Leben braucht Zeit, um die Dinge gut zu machen. Es fließt viel Liebe in so eine kleine Kirsche. Überleg mal: Der Baum muss ihr Schatten spenden oder sie in die Sonne rücken, damit sie in Ruhe reifen kann. Er versorgt sie mit allem, was so ein kleines Wesen für seine Entwicklung braucht. Er erzählt ihr Geschichten aus seinem langen Leben, teilt seine Erfahrungen mit ihr, hegt und pflegt sie, damit sie eines Tages ihren eigenen Platz in der Welt einnehmen kann. Das alles braucht viele Wochen, Monate, ja sogar Jahre, bis ein Baum aus einer Blüte eine Kirsche formt.«

Auch wenn Mia verständnisvoll nickte, war sie trotzdem schon ein wenig sauer auf den Baum. Sie hatte sich soooo sehr gewünscht, heute die erste Kirsche des Jahres mit Oma zu essen. »Können wir nicht wenigstens eine einzige probieren, Oma, schau, die da oben, die sieht doch schon gut aus…«, sagte Mia aufgeregt.

»Ich kann sie dir gerne pflücken, Mia. Aber ihre Zeit der Reife ist noch nicht gekommen. Alles im Leben hat seine Zeit. Wenn du die Kirsche zu früh isst, schmeckt sie noch sauer. Pflückst du sie zu spät, ist sie bereits matschig. Wenn du sie aber in Ruhe betrachtest und dich dabei nur darauf konzentrierst, was du jetzt siehst und fühlst, kannst du sogar einer Kirsche beim Wachsen zusehen und erwischst genau den richtigen Moment, um von ihrer vollkommenen Süße zu kosten.

»Das klappt doch nicht, Oma, das Wachsen kann man doch gar nicht sehen«, sagte Mia.

»Meinst du wirklich, Mia?«.

Oma schloss ihre Enkeltochter in den Arm, setzte sich mit ihr auf die Decke, die sie vor dem Baum ausgebreitet hatte und sagte: »Alles was du brauchst, um das Wesentliche zu erkennen, ist die Zeit, die du dir dafür nimmst. Das ist nicht viel und doch irgendwie alles.«

»Hmmmm, Oma spricht mal wieder in Rätseln«, dachte Mia und lehnte sich an ihre Großmutter an, sagte aber:

»Dann bleiben wir doch einfach noch eine Weile hier.«

Mia beschloss, dass an der Sache mit der Zeit schon etwas dran sein müsse. Was für sie für das Salto-Lernen auf dem Trampolin gegolten hatte, wollte sie einer kleinen Kirsche nicht verwehren.

Also beobachtete sie die nächsten zwei Wochen die Kirschen geduldig beim Wachsen und Reifen. Sie konnte es zwar nach wie vor kaum erwarten, die erste zu pflücken, aber sie war jetzt fest entschlossen, auf den richtigen Zeitpunkt zu warten.

Kirschkompott: Über das Erinnern

Während die Kirschen sich so am Baum noch ein wenig Zeit für das Erwachsenwerden nehmen konnten, besuchten an diesem Wochenende einmal Oma und Opa die kleine Mia für ein gemeinsames Mittagessen bei ihren Eltern. Es gab Hefeklöße mit einem letzten Glas Kirschkompott des vergangenen Jahres. Oma machte es auf und reichte es andächtig ihrer Enkelin. »Riecht das nicht herrlich, Mia?«
»Doch, schon«, sagte Mia, klang dabei aber nicht so überzeugt: »Hast du mir denn auch eine Kirsche von unserem Baum mitgebracht?«, fragte sie hoffnungsvoll.

»Oh. Warte noch eine klitzekleine Woche«, antwortete Oma. »Auch wenn die ein oder andere Kirsche nun schon reif ist, macht es doch nichts, noch ein paar Tage länger zu warten. Dann gehen wir gemeinsam zum Baum und feiern dort zusammen ein Kirschfest. Was meinst du, Mia?«

»Aber ich habe mich so darauf gefreut, heute eine Kirsche zu essen, Oma«, entgegnete ihre Enkelin trotzig.

»Weißt du Mia, immer wenn wir etwas sofort haben können, verliert es auch genauso schnell wieder seinen Wert für uns. Ein richtiger Wunsch braucht auch Zeit um zu reifen. Manchmal ein paar Wochen wie die Kirsche am Baum, manchmal kürzer, manchmal auch länger.«

Mia schaute ihre Oma an und wirkte noch nicht wirklich überzeugt. Großmutter sprach bedächtig weiter.

»Es sind genau diese Wünsche, die in deinem Herzen reifen, nach denen du dich sehnst. So wie jetzt, wirst du um sie kämpfen. Und wenn du älter bist, wirst du dich in Liebe und Respekt an diese Wünsche erinnern. Sieh es doch einmal so: Du kannst dich jetzt noch eine ganze Woche länger auf die erste Kirsche des Jahres freuen.«

»Hmmmm«, sagte Mia nur und schob sich dabei ein Stück Hefekloß mit Kirschkompott in den Mund. »Das ist wirklich lecker«, dachte sie und das versöhnte sie ein wenig. Als Oma und Opa eine Stunde später wieder nach Hause gefahren waren, dachte Mia den restlichen Tag über die Sache mit dem Warten nach und beschloss, dass nach sooooo vielen Wochen ein paar Tage mehr nicht schlimm wären.

Ein wenig Süße des letzten Sommers hatte Mia noch auf der Zunge, als sie an diesem Abend einschlief. Sie träumte von einer großen Kirschbaumwiese. Kirschbäume, die, soweit sie schauen konnte, in voller Blüte standen. Hunderte Bienen besuchten die Blüten und transportierten den wertvollen Pollen von Blüten zu Blüte. Andere Kirschbäume waren schon beladen mit tiefroten, prallen Früchten, die herrlich in der Sonne glänzten. Oma und Opa hatten eine Decke auf der Wiese ausgebreitet. Zum Picknick gab es Kirschkuchen mit gaaaanz viel Butterstreuseln und natürlich der frisch geschlagenen Sahne, die sie so gern mochte. Mia döste in der lauen Frühlingsluft vor sich hin und genoss die Zeit mit Oma und Opa, bis sie morgens um halb sieben das Weckerklingeln aus ihrem Traum aufschreckte.

Sie fühlte sich erquickt und freute sich jetzt sehr auf die nächsten Tage. »Noch eine Woche, nur noch eine Woche«, summte sie leise beim Zähneputzen vor sich hin, »nur noch eine Woche, nur noch eine Woche…«

Kirschkern-Weitspucken: Über die Leichtigkeit und den Wandel

Wenige Tage später stürmte sie förmlich durch das Gartentor ihrer Großeltern. Sie hatte sich fest vorgenommen, bei Oma und Opa die blöde 14er Mal-Reihe zu vergessen, die sie die ganze Woche so in Mathematik genervt hatte. Oma und Opa kümmerten sich gerade liebevoll um das Rosenbeet und lasen Blattläuse von den Blüten – Laus für Laus.

Schon von weitem rief Mia:

»Oma! Opa! Heute bringe ich gaaanz viel Kirschhunger mit. Ich habe die ganze Woche keine einzige Kirsche gegessen, ich habe nur auf unsere Kirschen gewartet!«

»Schön, dass Du hier bist, Mia, wir haben auch schon auf dich gewartet«, sagten ihre Großeltern, die sich nun ebenfalls auf die ersten leckeren Kirschen des Jahres freuten. Und Oma, für die der Kirschbaum und seine Früchte Teil eines ganzen Lebens waren, ergänzte mit einem zauberhaften Glanz in der Stimme: »Komm, Mia, wir gehen jetzt glücklich sein«. Oma und Opa nahmen ihre Enkelin in die Mitte und gemeinsam folgten sie dem bemoosten, ausgetretenen und ihr mittlerweile so wunderbar vertrauten Pfad zum Kirschbaum. Dort angekommen, verharrten alle drei erst einmal kurz im Schatten des Baumes. Denn es war heiß geworden. Sie waren dankbar für die Kühle, die er ihnen schenkte, und breiteten eine Decke unter seinen mächtigen Ästen aus. Sie schauten nach oben in seine Blätterkrone und erfreuten sich an ihrem Anblick. Schwer hingen die Zweige des Baumes herab, voller reifer Kirschen wartete der Baum darauf, dass sich Menschen und Tiere an seinen süß-saftigen Gaben labten. Opa hob Mia hoch und sie pflückte zwei Hände voll mit köstlichen, tief-roten Früchten.

Oma lachte Mia übermütig an:
»Schau mal, Mia, was ich als Kind immer gerne gemacht habe«, fischte sich übermütig eine der köstlichen Früchte aus Mias Händen und steckte sie sich in den Mund. Kurze Zeit später spuckte sie den Kern schon in hohem Bogen auf die Wiese.

Opa machte es ihr gerade nach.

»Probier mal!«

Kurze Zeit später standen alle drei da und aßen Kirschen, bis ihre Bäuche voller Früchte waren. Sie lachten gemeinsam und Oma erzählte eine dieser vielen spannenden Geschichten aus ihrem langen Leben. Die Sonne strahlte vor Glück auf die drei herab und zauberte ein geheimnisvolles Glitzern zwischen die Baumblätter. Opa baute aus blanken Kirschkernen eine große Pyramide und Mia tollte den

ganzen Tag unbändig und kraftvoll um den Baum herum. Die drei bemerkten gar nicht, wie die Zeit verging. So sank die Sonne viel zu schnell hinter den Horizont mit dem malerischen Wäldchen und es wurde still unter dem Baum. Die drei spazierten den Weg zurück zum Haus, Mia Arm in Arm und eng angeschmiegt an ihre Oma.

»Das war ein wunderschöner Tag, Oma«, sagte sie glücklich und kuschelte sich noch enger an ihre Großmutter heran.

»Oh ja, Mia! Das Leben schenkt uns viele wunderschöne Momente. Oft bemerken wir sie aber gar nicht, weil wir in unserem Kopf noch mit anderen Dingen beschäftigt sind, während die Schönheit eines ganzen Tages ungesehen an uns vorüberzieht. Mir geht das auch oft so, Mia. Manchmal geht die Sonne in ihrer ganzen Pracht auf, berührt mit ihren warmen, goldenen Strahlen sanft mein Fenster und ich lasse sie trotzdem nicht in mein Herz. Denn ich bin im Kopf noch viel zu sehr damit beschäftigt, die nächsten Stunden zu planen, statt in diesem Moment einfach nur ihre Wärme und das Leuchten zu genießen. Eigentlich schade, oder?«

Mia errötete leicht. Oma hatte Recht.

»Also, wäre ich diese Schönheit und du würdest mich einfach nicht beachten, wäre ich irgendwann ziemlich beleidigt und würde mir zwei Mal überlegen, ob ich nochmal bei dir vorbeischaue.«, zwinkerte sie Mia zu.

Dann ergänzte sie wieder ernst:

»Nur wenn es uns gelingt, das Leben auch hineinzubitten, wenn es doch schon so laut und mit Kraft und Liebe an unsere Türe klopft, lernen wir es auch zu genießen, Mia. Und dazu sind unsere wenigen Tage hier doch da: um Freude und Liebe zu empfinden und zu verbreiten.«

»Auf jeden Fall ist das ist viel besser als in Mathe zehn Mal hintereinander 14 × 8 auszurechnen, Oma!«

Wenig später fühlte sich Mias Kopf wunderbar leer, ihr Magen dafür herrlich voll an. Sie hatte das Gefühl, wieder mit beiden Beinen auf dem Boden zu stehen.

Es war ein wundervoller, unbeschwerter Tag mit Oma und Opa. Erschöpft, satt und zufrieden legte sich Mia abends bei ihren Großeltern ins Bett. Schläfrig sagte sie:

»Oma, haben wir jetzt alle Kirschen aufgegessen?«

Oma schaute sie an. Ihr Herz quoll über vor Liebe.

»Ich weiß nicht, Mia. Aber das ist auch egal. Ich denke, es sind noch gaaaanz viele Kirschen da. Für morgen wird es ganz bestimmt noch reichen…«, sagte sie ganz zart und wiegte Mia leise in den Schlaf.

Alles hat seine Zeit: Über das Loslassen

Am nächsten Wochenende erkannte Mia ihren Kirschbaum kaum wieder. Er war das pure Leben und Mia konnte in seiner Baumkrone ein stetiges Kommen und Gehen beobachten. Zahlreiche Tiere machten sich über die süßen Früchte her, fest entschlossen, keine einzige Kirsche für Mia übrig zu lassen. Die Stare und Amseln schimpften mit ohrenbetäubendem Gezeter von oben aus der Baumkrone, als Oma und Mia auf den Baum zuliefen. Doch schon als Mia sich nach der ersten tiefhängenden Kirsche streckte, nahmen die Vögel flugs reißaus und überließen Oma und Enkelin die süßen Früchte.

Mia schaute sich um. Viele Kirschen waren nun schon angepickt, und überhaupt sah ihr Baum ziemlich zerzaust aus. Kirschen und Kerne lagen im weiten Kreis um den Baum verteilt.

Mia deutete auf den geplünderten Baum und fragte Oma:

»Tut es dem Baum weh, wenn er so schnell all seine Kirschen verliert und sie dann so lieblos vor sich hingestreut sieht?«

Oma lachte Mia an:

»Weißt du mein Kind, ich bin mir sicher, dass sich der Kirschbaum über jede Frucht freut, die ein Vogel mit sich trägt und die so ein wenig Erde und Wasser findet. Denn für diesen Moment hat er geblüht, hat sie wachsen und reifen lassen. Immer wenn ein Vogel eine Kirsche mit sich in die Ferne trägt, sorgt er dafür, dass irgendwo auf dieser Welt ein neuer Kirschbaum wachsen kann. Was uns so oft auf den ersten Blick zwecklos erscheint und manchmal auch ein wenig traurig stimmt, ist doch Teil des großen Lebensplanes. Schau mal: Ohne Traurigkeit kannst du ein Lachen nicht genießen, ohne Schatten wird dir die Sonne zur Qual und ohne die Fähigkeit, Dinge gehen zu lassen, wenn ihre Zeit gekommen ist, wirst du in deinem Herzen keinen Platz mehr für die vielen Wunder des Lebens finden, die dich in Zukunft noch erwarten. Alles hat seine Zeit, Mia. Du, ich, Opa – wir – die junge Kirsche ebenso wie der mächtige Baum. Denk immer daran: Mit jeder Kirsche, die in die Welt getragen wird, geht auch ein Stück von ihm auf Reisen.«

Mia nickte heftig, denn das klang ziemlich einleuchtend. Sie liebte es, wenn Oma ihr die vielen Wunder des Lebens erklärte.

»Und mit ein wenig Glück wird diese Kirsche in einigen Jahren die Welt mit der Schönheit ihrer Blüten, der unbändigen Kraft der Knospen und der Süße ihrer Früchte erfreuen. Ohne, dass der Baum die Frucht in Frieden und Liebe gehen lässt, könnte sich dieses neue Leben keinen eigenen Platz auf dieser Erde erobern. Denn wenn der Kirschkern zu nah am Baum zu keimen beginnt, wird er auf immer im Schatten seiner Eltern stehen. Und du willst doch auch mal größer werden als Mama und Papa, oder?«, neckte Oma ihre Enkeltochter.

Mia nickte noch einmal und schaute ihre Großmutter wissend an:

»Ja, Oma, ich weiß, der Kirschbaum muss lernen loszulassen«, sagte sie mit der ganzen Überzeugungskraft ihrer zehn Lebensjahre.

Denn das mit dem Loslassen verstand Mia gut. Schließlich hatte sie erst vor wenigen Monaten zu ihrem Geburtstag Teddy von ihrem Regal in die Erinnerungskiste gepackt, die bei Mama und Papa hinter dem Vorhang in dem großen Schrank steht. Statt Schwabbel stand in ihrem Zimmer jetzt ein Foto von ihrem Freund Tim, das sie erst vor wenigen Wochen zum Kindergeburtstag bekommen hatte. Mia hat lange mit ihrem Teddy darüber gesprochen. Und Mia hat ihm versprochen, ihn immer mal wieder zu besuchen. Und so ging sie manchmal – eigentlich ziemlich oft – zu der Kiste, holte Schwabbel heraus und sprach mit ihm. Aber nicht mehr so häufig wie früher. Und Tim da oben zu sehen, war auch sehr schön. Anders irgendwie, aber eben auch schön.

Trotzdem fand sie es schon ziemlich traurig, dieses »Loslassen«. Doch Platz für beide war halt nicht im Regal. Und dabei ließ Mia ja gerade nur Schwabbel los. Der Kirschbaum muss das mit ganz vielen Kirschen machen, und das jedes Jahr. Und vorher die Blüten. Und im Herbst die Blätter. Also, das stellte sie sich dann doch ganz schön schwer vor....

»Meinst du nicht, dass der Kirschbaum ziemlich traurig ist, seine Kirschen loszulassen, Oma?«, fragte Mia.

Oma schüttelte den Kopf.

»Ja und nein, mein Kind. Denn die Frucht ist nur ein Behältnis für das Wunder des Lebens. Was wir als besonders süß und saftig empfinden und am liebsten immer behalten wollen, ist doch nichts gegen das Wunder, das dem kleinen Kern im Inneren erwachsen kann. Denn die Süße eines Moments tauscht der Baum gegen ewiges Leben. Ich finde, das lohnt sich doch, oder?«

Mia dachte nach. So richtig überzeugt war sie nicht. Mia konnte ja immer mal Schwabbel besuchen gehen und mit ihm reden. Aber der Kirschbaum? Er musste ein ganzes Jahr warten, bis er wieder grüne Blätter, farbenfrohe Blüten und köstliche Früchte an sich sah. Und selbst diese würden nicht dieselben sein, die er dieses oder die letzten Jahre mit Kraft und Liebe begleitet hatte.

Sie dachte noch lange darüber nach und kam letztlich zu dem Schluss, dass der Kirschbaum ganz schön mutig sein müsse, um dieses komische Loslassen Jahr für Jahr immer wieder zu schaffen…

Kirschkuchen mit Sahne: Über den Moment

Nur noch vereinzelt lugten eine Woche später einige letzte, tiefrote Kirschen zwischen dem grünen Blattwerk hervor. Es war mittlerweile schon Juli geworden und Oma und Mia kamen auf dem Weg vom Kirschbaum zum Haus ganz schön ins Schwitzen. Sie hatten am Morgen einige stille Momente im Schatten des Baumes genossen, bevor es auch unter dem dichten Blätterdach zu heiß für die beiden wurde.

Oma hatte einen frischen Kirschkuchen gebacken. Mit ganz vielen Butterstreuseln. Und leckerer, frisch zubereiteter Sahne, genauso, wie Mia sie besonders gerne mochte.

Auf ein Stück hatte Oma eine Kirsche gelegt, die sie nicht mitgebacken, sondern einfach ganz frisch oben draufgesetzt hatte. Das sah richtig lecker aus. Oma legte Mia dieses schönste Stück auf den Teller und gab ihr reichlich von der selbstgeschlagenen Sahne. Mia biss ein Stückchen ab und war entzückt:

»Mmh, ist der Kuchen lecker, Oma. Und soooo saftig. Er schmeckt nach Sonne. Aber auch nach Frühlingsregen.«

Während Mia den Kuchen verputzte, erzählte sie ihrer Oma, dass sie sogar vor ein paar Wochen genau von so einem leckeren Kirschkuchen geträumt hatte.

Oma nickte wissend.
»Lass ihn dir schmecken. Manche deiner Träume werden in Erfüllung gehen, einige davon mit, andere ohne dein Zutun. Andere werden dagegen unerreichbar bleiben und dich dennoch ein Leben lang begleiten. Sie sind es, die für dich deinen Weg leuchten, wenn alle anderen Lichter um dich herum ausgegangen sind. Deswegen bewahre dir stets ein paar mehr Träume, als du dir selbst erfüllen kannst.«

»Hmmm«. Mia war nicht überzeugt.

»Außerdem wird es so nie langweilig für dich«, erzählte Oma weiter. »Schließlich brauchst du immer ein wenig Platz in deinem Herzen, um den neuen Dingen Raum zu geben, die die vielen Momente deines Lebens noch für dich bereithalten.«

Das verstand Mia. »Kann nicht einfach jeder Kirschkuchen so gut schmecken wie unserer heute, Oma?«, fragte sie.

»Oh«, sagte Oma darauf: »Warte ab – vielleicht wird dir das Stück von einem neuen Kuchen ja noch viel besser schmecken. Dieses Stück hier kannst du nur einmal essen. Denn selbst wenn ich morgen wieder einen neuen Kuchen backen würde, wäre dieser doch anders, als der, den wir heute essen. Aber wenn du dir heute nur Gedanken darüber machst, was morgen sein wird, kannst du doch dein Stück heute gar nicht richtig mit Freude essen. Es ist wichtig, das Leben zu genießen. Und natürlich den Kirschkuchen. Greif also zu Mia, solange noch etwas da ist«, sagte sie verschmitzt und legte sich selbst ein richtig großes Stück mit einer Extra-Portion Sahne auf den Teller.

Beide genossen schweigend den Kuchen und schauten dabei verträumt aus dem Küchenfenster auf den alten Weg, der zu ihrem Kirschbaum führte.

»Magst du noch Kakao, Mia«?

Die letzte Kirsche des Jahres: Ein Abschied

Die letzten zwei Wochen hatte Mia nur mit ihren Großeltern telefonieren können. Heute würde sie endlich wieder zu Oma und Opa fahren. Doch dieses Mal war etwas anders. Sie spürte das schon, als sie von der Bushaltestelle die Straße zu Omas Haus hinunterlief. Ihr kleines Herz klammerte sich an den bekannten Weg, an das Vertraute. Doch langsam, einen Schritt nach dem anderen, kam sie dem Hoftor mit den zwei Rosenbüschen an der Seite und damit auch ihrer Angst immer näher, die sie gar nicht so richtig begreifen konnte.

Opa empfing sie schon am Hauseingang. Er war ganz aufgelöst. Ihre Großmutter war nicht da.

»Oma ist im Krankenhaus«, sagte Opa, nahm sie in den Arm, schaute ihr in die Augen. »Seit heute morgen. Es ging einfach nicht mehr. Denn weißt du Mia, Oma ist sehr krank«, erklärte Opa mit brüchiger Stimme und ergänzte: »Komm, ich nehme dich mit, wir gehen sie besuchen.«

Mia war erschrocken. Krank? Ihre Oma? Nein, das konnte nur ein Irrtum sein. Sie würde das am besten im Krankenhaus ganz schnell aufklären, bestimmt!

Aber wenn sie Oma besuchen, wollte sie ihr auch etwas mitnehmen. Etwas Besonderes. Sie bat Opa, einen kurzen Moment zu warten. Mia entschied sich für ein fröhliches Lächeln, als sie Opa sagte, sie wolle noch schnell eine Kirsche für Oma pflücken – die vielleicht letzte Kirsche dieses Jahres.

Sie lief den Weg zum Kirschbaum alleine, ohne Hast oder Eile. Sie genoss es, auf dem ihr so vertrauten Trampelpfad einen Fuß vor den anderen zu setzen. Das hatte etwas Beruhigendes, Bekanntes und Geliebtes für sie. Der Weg gab ihr langsam etwas von der Sicherheit und dem Halt zurück, den sie so schmerzlich am Gartentor verloren hatte. Sie wusste nicht, ob sie überhaupt noch eine Kirsche am Baum finden würde, doch sie wollte es versuchen. Für Oma, für sich selbst, für sie beide.

Der Baum empfing sie mit wohltuender Ruhe und einladendem Schatten. Schmetterlinge flatterten in der Morgensonne um den Baum herum und Sonnenstrahlen, die sich im dichten Blätterdach der Kirsche brachen, füllten ihre Seele mit Sehnsucht. Doch sie hatte heute keinen Blick für die Schönheit der Natur. Konzentriert suchte sie mit ihren Augen nach einer roten Frucht und wurde schließlich ganz oben in der Krone fündig. Man sah sie von unten kaum. Und sie war, eingebettet in zwei herzförmige Blätter, auch gut vor den neugierigen Blicken der Vögel verborgen.

»Na, dich haben die Stare wohl extra für Oma hiergelassen«, freute sich Mia und kletterte mutig Ast für Ast nach oben in den Baum, streckte sich dann nach der tiefrot glänzenden Frucht und pflückte schließlich die letzte Kirsche des Jahres. »Für Oma«, murmelte sie, packte die Kirsche in eine Schachtel und rannte schnell zurück zu Opa, der geduldig am Gartentor auf sie gewartet hatte.

Oma lag in einem eigenen Zimmer im Krankenhaus. Die Vorhänge waren halb aufgezogen und ließen die Mittagssonne in den trist möblierten Raum hinein. Die gesunde Röte war aus Omas Gesicht gewichen und ein fahles Grau legte sich wie ein Schatten über ihre markanten Züge. Zum ersten, zum allerersten Mal in ihrem jungen Leben, sah Mia die Last der Jahre in dem Gesicht ihrer Großmutter. Müde sah Oma aus, kleine Äderchen an den Schläfen traten hervor und pulsierten sichtbar im Rhythmus ihres Herzens. Mia waren die blauen Bahnen dort noch nie aufgefallen, auch die kleinen braunen Flecken, die sich über die Hände ausbreiteten, schien sie zum ersten Mal zu bemerken. Mia sah, dass Oma fror, trotz der wärmenden Sonne auf ihrer Haut. Die Wärme des frühen Sommers schien an diesem Ort so fern wie an einem klirrend-kalten Januarmorgen.

Ihre Großmutter war krank. Es war kein Irrtum. Und es würde kein »Lass uns schnell zusammen nach Hause gehen« geben.

Doch Omas Augen strahlten noch immer voller Güte und blickten sie freundlich und liebevoll an. Dabei schien ihre Großmutter seltsam entspannt, eigentlich gar nicht wie in einem Krankenhaus, mehr wie bei einem gemeinsamen Picknick unter ihrem Kirschbaum im Mai. Mia schluckte leise einen dicken Kloß in ihrem Hals hinunter und drückte Opas Hand, der leise hinter sie geschlichen war:

»Warum hat sie mir nichts davon gesagt, Opa?«, fragte sie.

Opa dachte lange nach, bevor er Mia antwortete. Eine tiefe Traurigkeit lag in seiner Stimme als er mit dennoch fester Stimme sagte:

»Alles in dieser Welt hat seine Zeit mein Kind. Es gibt eine Zeit für das Wachsen und Reifen, eine Zeit für das unbändige Auskosten des Lebens. Das ist eine sehr schöne Zeit. Du entdeckst sehr viel und genießt dein Sein. Manchmal fällst du dabei, du machst viele Fehler. Aber du stehst wieder auf, schüttelst dich ein wenig und gehst deinen Weg weiter. Du wächst, genießt und strahlst. Erfahrungen lassen dich reifen und werden im Strom der Zeit langsam zu Erinnerungen, die du in deinem Herzen trägst und die nach und nach immer wichtiger für dich werden. Denn je näher das Ziel kommt, desto häufiger schaust du auch auf den Weg zurück, den du bis dorthin gegangen bist. Das ist dann eine gute Zeit für die Erinnerungen an das Leben. Das ein oder andere geht dann nicht mehr so, wie du es gewohnt bist. Der Weg zum Kirschbaum erscheint dir länger und beschwerlicher als früher, deine Kinder haben selbst eine Familie und du wirst plötzlich selbst Oma. Das Feuer der Jugend brennt nicht mehr in dir. Aber wenn du ein Leben gelebt hast, wirst du sehr viele Erinnerungen in dir tragen, die deine Herzensflamme nähren und dich wärmen. Doch irgendwann bist du dann zu müde, dich immerzu zu erinnern. Denn der Blick zurück kann sehr anstrengend sein. Und manchmal zerreißt er dir das Herz, weil viele der Menschen, die dich so lange begleitet haben, dann vielleicht schon einen anderen Weg eingeschlagen haben. So kommt die Zeit, in der du wieder etwas Neues erleben willst, die Vergangenheit ruhen lassen möchtest und dich auf das vorbereiten wirst, was dich ans Ende deines Weges – und vielleicht auch darüber hinaus – tragen wird. Das ist die Zeit des Abschieds. Eine Zeit, in der du viele lieb gewonnene Menschen und Dinge aus deinem Leben loslassen wirst. Du hast mit Oma doch einmal über das Loslassen gesprochen. Es wird die letzte große Aufgabe in diesem Leben sein. Denn wenn wir uns von dieser Welt verabschieden, brauchen wir wieder Platz in unserem Herzen für die neuen Dinge, die uns dort erwarten, wo wir am Ende unseres Weges hingehen, Mia. Oma hatte viel Zeit für das Leben. Sie hatte viel Zeit für ihre Erinnerungen. Nun ist für sie Zeit für einen Abschied.«

In Mia sträubte sich ihr kleines Herz mit aller Kraft gegen dieses Wort – Abschied! Nein, das wollte sie nicht hören. Leise schlich sie also um Omas Bett herum und legte vorsichtig ihre rechte Hand in die Hände ihrer Großmutter, die erst vor zwei Wochen den leckeren Kirschkuchen für sie gebacken hatten. Irgendwelche Geräte standen neben ihrer Großmutter und machten ganz furchtbare Geräusche. Mia holte tief Luft. Oma spürte die Nähe von Mia und schaute in ihre Augen. Sie waren so klar wie an dem Frühlingsmorgen Anfang Mai, als sie gemeinsam die Blüten und die Bienen am Kirschbaum beobachtet hatten.

Mia nahm ihre Großmutter ganz sachte in den Arm und legte ihren Kopf mit auf das Kissen des Krankenbettes. Es war Omas Lieblingskissen mit dem kleinen Geheimversteck in einer Querspalte des Bezugs, von dem nur sie beide wussten.

»Ich bin dir sehr dankbar, Mia, dass du mich besuchst«, sagte Oma, »Wie geht es unserem Baum?«

Und Mia erzählte ihr, wie sie akrobatisch über seine starken Äste geklettert war und ganz oben in der Krone eine letzte Kirsche gepflückt hatte, die beste und schönste Kirsche überhaupt. Sie erzählte davon, wie sie sich gestreckt hatte, um an den Zweig ganz oben heranzukommen, der die Kirsche getragen hatte. Sie erzählte ihr von der warmen Sommersonne, die heute so kräftig schien, dass es selbst im Schatten des Kirschbaumes schon bald zu warm werden würde, um dort länger zu verweilen. Sie erzählte ihr von den Vögeln, die sie durch das Fenster in Omas Zimmer sehen konnte. Sie erzählte ihr vom Leben. Und Oma hörte ihr mit einem verträumten Lächeln im Gesicht einfach zu.

Dann holte Mia die Kirsche aus der Schachtel heraus und präsentierte sie stolz ihrer Oma. Sie war schon ein wenig verkratzt und hatte von der Schachtel ein paar Dellen in ihrer Haut, doch für Mia war diese Kirsche die schönste des Jahres.

»Schau doch, wie schön sie ist«, sagte Mia zu Oma. »Die ist nur für dich!«

»Oh, vielen Dank, Mia, für die süße Frucht der Erinnerung«, antwortete ihre Großmutter. »Ich werde diese Kirsche heute Abend

noch einmal mit viel Genuss essen und dabei mit Freude und in Liebe an dieses Frühjahr mit dir im Garten zurückdenken. Gerade wenn wir loslassen müssen, was für uns im Leben wesentlich war, ist es wichtig, sich noch einmal an all die erlebten Wunder und die Süße des Seins zu erinnern. So kannst du dich versöhnt mit dir und dem Leben verabschieden. Du fühlst keinen Groll, dass etwas zu Ende geht, sondern du gehst mit Liebe im Herzen, wo auch immer dein Weg dich dann hinführen wird. Denn alles Alte im Leben findet einmal ein Ende, damit es auch wieder einen neuen Anfang geben kann.«
Oma schloss ihre Augen wieder. Das Sprechen strengte sie an. Mia nickte traurig. Dann sagte sie nachdenklich:

»Weißt Du, Oma, ich mag das Loslassen nicht. Ich mag viel lieber den Mai. Da entsteht so viel Neues. Jeder Tag ist da ein neuer Anfang. Es ist alles so… leicht.«

Oma drückte Mias Hand, so fest sie es noch vermochte und sagte:

»Und doch gehört es zu unserem Leben dazu, Mia. Altes Leben geht und gleichzeitig tritt neues in diese Welt. Erinnere dich an unseren Kirschbaum, der so viele seiner Kirschen in so kurzer Zeit hat kommen und wieder gehen sehen. Jede seiner Kirschen trägt ein Stück von ihm in sich und er wird sich stets an ihre Geburt, das Erwachsenwerden und auch den Moment erinnern können, an dem sie alleine auf eine eigene Reise gegangen sind. Aber auch die Kirschen werden in Liebe an die Wärme und Geborgenheit in der Baumkrone, die sie behütet, gewärmt und geschützt hat und an den starken Stamm, der ihnen so viele Geschichten erzählt hat, zurückdenken – selbst wenn der alte Baum dann nicht mehr auf seiner

Wiese steht. Denn die Erinnerung bleibt auf dieser Welt. Sie ist Teil von uns, sie wird mit der Zeit zu Sternen in unseren Herzen, die uns den Weg leuchten, wenn alle anderen Lichter versagen. Nur manchmal brauchen wir eben einen kleinen Stuppser aus unserer Vergangenheit, damit wir ihr Leuchten auch noch hoch oben in unserem Kopf sehen können. Denn auch auf kurzen Wegen kann sich ein Strahlen manchmal verirren.«, sagte Oma, während ihre Augen leuchteten.

Mia horchte auf:
»Dann geht ja nichts wirklich ganz, Oma!«, rief sie freudig, »und der Kirschbaum wird sich an jede seiner Kirschen erinnern, wie auch die Kirschen immer an den Baum zurückdenken können.«

»Da bin ich mir sicher, Mia. Denn der Baum ist die Kirsche und die Kirsche ist der Baum. Auch wenn sie sich trennen, bleiben sie doch auf ewig miteinander verbunden.«

Mia überlegt eine Weile. Dann fragte Sie traurig: »Willst Du lieber der Baum oder die Kirsche sein, Oma?«

Omas verschmitztes Lächeln blitzte in ihren Augen auf, ein Widerschein des wilden Lebens in ihr.

»Oh Mia, du bist und wirst auf immer meine kleine Kirsche bleiben. Und ich bin gerne dein Baum. Aber irgendwann ist es selbst für einen Baum Zeit zu gehen. Denn selbst wenn nichts auf dieser Welt ewig ist und alles seine Zeit hat, weiß ich doch auch, dass sich eines Tages Baum und Kirsche wiederfinden werden. Sie sind eins und reisen in parallelen Welten gemeinsam durch die Zeit. Manchmal trennen sie sich dabei nur kurz voneinander, damit jeder für sich neue Erfahrungen machen kann, die sie beim nächsten Wiedersehen miteinander teilen können«, sagte Oma und ergänzte mit einem Lächeln im Gesicht kurze Zeit später:

»Und ich freue mich schon darauf, dich wiederzusehen. Egal wie und egal wann, mein Kind. Vertraue. Wenn du heute Abend ins Bett gehst, bin ich bei dir und gebe dir einen dicken Gute-Nacht-Kuss auf deine Stirn. Vielleicht siehst du mich dann nicht, aber sei gewiss, ich werde da sein. Immer, wenn du mich brauchst, schließe einfach deine Augen und suche in deinem Herzen nach mir. Dort wirst du mich finden. Heute Abend, morgen Abend, dein Leben lang«, sagte Oma und eine Träne löste sich von ihrem Augenlid und rann über ihre Wange auf das Kissen.

Mias Herz fing heftig an zu weinen. Und noch während ihre Tränen auf dem weiten Weg zu ihren kleinen braunen Knopfaugen waren, drückte sie Omas Hand so kräftig sie konnte auf ihr Herz und flüsterte:

»Ich weiß, dass du immer hier bleibst.«

Oma schaute ihre Enkelin voller Liebe an. »Das werde ich, versprochen. Denn in deinem kleinen Herzen fühlte ich mich schon immer willkommen. Und jetzt, mein Kind, lass' mich noch kurz mit Opa alleine, ich bin sehr müde«, bat sie ihre Großmutter.

»Wir sehen uns wieder«, raunte Mia ihrer Oma noch im Gehen zu.

Oma lächelte. Ein Lächeln unter Verschwörerinnen.

Opa blieb noch eine Weile länger, während Mia mit Mama und Papa schon zu dem kleinen Haus am Waldrand fuhr.

Mia fühlte sich an diesem Abend sehr allein. Und gar nicht mehr so groß, wie sie gedacht hatte, mit ihren zehn Jahren schon zu sein.

Den Abend verbrachte die ganze Familie zusammen in dem Haus am Waldrand. Die letzten Sonnenstrahlen streiften das kleine Häuschen, ein zarter Sommerwind säuselte um das Haus, bevor die Nacht den Tag ablöste. Mia schlief unruhig und wurde morgens vom Klingeln des Telefons geweckt, drehte sich aber noch einmal schläfrig auf die andere Seite, bevor sie aufstand. Sie brauchte ein wenig, um sich an den gestrigen Tag zu erinnern. Eine schwere Traurigkeit umfing sie, als sie zaghaft auf dem Weg in die Küche ins Schlafzimmer ihrer Großeltern lugte. Doch das Bett war leer.

Mama und Papa standen schon angezogen in der Küche.

»Lass uns zu Oma fahren, Mia, Opa ist schon dort«,

sagte ihre Mutter bedrückend knapp.

Omas Bett war verlassen. Opa weinte leise neben der Türe. Eine Schwester schüttelte kaum merklich den Kopf, als er sich kurz zu ihr drehte. Sein Schluchzen nahm zu, seine Beine zitterten. Mia nahm ihren Opa an die Hand. Sie drückte seine schwieligen Hände fest, ganz so, wie es Oma immer bei ihr gemacht hatte. Ein kleiner Sonnenstrahl brach sich in dem Fenster und streifte einen Blumenstrauß, der auf Omas Tisch am Bett stand. Mia ging mit Opa an der Hand in die Mitte des bedrückend leeren Raumes, hin zu dem

Bett, an dem sie sich noch vor wenigen Stunden mit ihrer Großmutter unterhalten hatte.

Eigentlich wollte Mia weinen, aber der Sonnenstrahl kitzelte sanft ihre Nase und sie musste auf dem Weg zum Bett kräftig niesen. Einen kurzen Moment erinnerte sie sich an das Wunder der herrlich duftenden Kirschblüten im Mai. Der eigenwillige Sonnenstrahl färbte Omas Bett in ein goldenes Licht und zauberte alle Farben des Regenbogens auf Omas Kissen.

Mia holte tief Luft und suchte Kraft in sich selbst. Schließlich zupfte sie Opa am Ärmel, der sehr traurig neben ihr stand. Sie schaute ihm nach einem langen Moment des gemeinsamen Schweigens in die Augen und flüsterte ihm ins Ohr:

»Ich verrate dir jetzt ein Geheimnis, Opa. Weißt du, solange ich hier bei dir bin, ist auch immer ein Stück von Oma bei dir. Das weiß ich.«

Dann nahm sie seine Hand und führte sie zu ihrem Herzen. »Fühl mal, Opa, da ist Oma drin. Und – da auch.«, sagte sie und zeigte auf Opas Herz.

Opa weinte still weiter, aber ein kleines Lächeln stahl sich jetzt auf sein Gesicht.

Omas Kissen lag noch so zerknautscht auf dem Bett wie am gestrigen Nachmittag. Mia legte sich vorsichtig darauf und sog die Luft tief in sich ein. Alles roch irgendwie nach ihrer Großmutter, sodass sie fast glaubte, dass ihr ihre Augen einen Streich spielten, als sie sie aufschlug und ihre Oma nicht in dem Bett neben sich sehen konnte.

Jetzt endlich konnte auch Mia weinen.

Irgendwann zogen sanfte Hände Mia vorsichtig nach draußen.

Der Kreislauf des Lebens wird vollendet

Mia ging mit ihrer Tochter besonders gerne im Frühling den alten bemoosten Weg zu den Kirschbäumen. Der ausgetretene Pfad wurde an vielen Stellen vom Gras überwuchert, die Steine aus Mias Kindheit waren kaum mehr zu erkennen. Es war nun schon fast Juni, die Sonne erblühte jeden Morgen kräftiger und zauberte Mia mit ihrem strahlenden Glitzern zwischen den letzten Kirschblüten ein kleines Lächeln der Erinnerung ins Herz. Seit vor nun schon zwölf Jahren auch Opa gestorben war, wohnte sie mit ihrer eigenen kleinen Familie in dem kleinen Haus am Waldrand. Ihre Eltern waren in der Stadt geblieben, kamen sie aber oft besuchen.

Mia war gerne hier. Mit diesem Haus und diesem Garten verband sie eine Kraft, die sie nur schwer beschreiben konnte. Es war eine Art Magie, die keiner Erklärung bedurfte, denn sie entsprang ihrem Herzen. Und immer im Frühling spürte sie den Zauber des Hauses besonders stark und fühlte die Verbindung zu ihrer Großmutter, als würde sie wie damals in diesem wunderschönen Frühling jeden Tag mit ihr gemeinsam den Weg zum Kirschbaum laufen. Je älter Mia wurde, desto stärker fühlte sie diese Verbindung, desto häufiger ging ihr Blick zurück zu dieser Zeit, die sie seit Omas Tod als leuchtenden Stern im Herzen trug.

Vor zehn Jahren, zur Geburt ihrer Tochter, hatte sie den Kirschkern, den sie damals an diesem traurigen Tag im Juli im Krankenhaus in Omas Kissen gefunden hatte, in die Erde gebracht. Nur sie hatte gesehen, dass er dort lag, in dieser kleinen Spalte des Kissens – Omas Geheimversteck. Es hatte nur ein wenig Wasser und etwas Erde gebraucht, um das wahre Sein dieses Kerns zu offenbaren. Erst hatte er ziemlich lange gebraucht für die ersten Zentimeter des Wachsens, das erste Blatt und den Hauch einer Rinde an seinem Stamm. Mia hatte ihn dabei gehegt und gepflegt, sie hatte ihm geholfen und das kleine Bäumchen gestützt, als es Hilfe in seinem Streben zum Licht brauchte. So wuchs es kräftig und Mia pflanzte den jungen Baum vor sieben Jahren in die Nähe seiner Baum-Mutter aus. Sie goss ihn im Sommer, schützte ihn vor den Herbststürmen und umschlang ihn im Winter mit einer wärmenden Decke, damit er nicht fror.

Letztes Jahr dankte es ihr der junge Baum das erste Mal mit einer intensiven Blüte. Es war wunderschön anzusehen, wie er neben seiner Mutter sein erstes Blütenfest feierte. Nur die ersten Kirschen hatte Mia noch nicht ernten können. Die Aufgabe, Früchte zu tragen, war wohl doch noch etwas zu groß für den kleinen Baum gewesen. Mias Tochter fand das Blühen ohne Kirschen ziemlich langweilig. Sie mochte viel lieber den großen Baum, der ihnen Jahr für Jahr so viele leckere Früchte schenkte. Und immer, wenn ihre Tochter ungeduldig auf den noch jugendlichen Baum wies und fragte, wann dieser denn nun endlich das erste Mal eine Kirsche wie der große tragen würde, sagte Mia ihr, dass sie sich einfach nur noch ein wenig gedulden müsse. Denn das Leben brauche noch etwas Zeit, um die Dinge gut zu machen. Meist zuckte das kleine Mädchen dann mit den Schultern, ganz so, als wolle sie sagen, dass Mia nicht immer in Rätseln mit ihr sprechen möge.

Doch dieses Jahr war es endlich soweit. Aus den Blüten hatten sich kleine grüne Knollen an zahlreichen Stielen entwickelt, die sie die letzten Wochen gemeinsam beobachtet hatten. Denn immer, wenn es ihre Zeit zuließ – meistens am Wochenende – spazierte Mia mit ihrer Tochter zu den Kirschbäumen und sie schauten den Kirschen zusammen beim Wachsen zu. Die beiden hatten ein schützendes Netz über den Baum gespannt, da sie beobachtet hatten, dass die Vögel schon viele der köstlichen Früchte stibitzten, bevor sie richtig reifen konnten. Heute war nun endlich der Moment, heute wollten sie die ersten Kirschen des Jahres zusammen ernten.

Mias Eltern waren wie jedes Jahr seit Omas Tod gekommen, um diesen unbeschwerten Tag des Lebens gemeinsam in der Familie zu feiern. Im Schatten des mächtigen Kirschbaumes, der sie alle nun schon so lange im Leben begleitet hatte.

Wie jedes Jahr erzählten sie sich Geschichten von früher und aßen Kirschen, bis nichts mehr in ihre Bäuche hineinpasste. Oma und Opa spielten mit ihrer Enkelin Kirschkern-Weitspucken und bauten aus abgenagten Kirschkernen kleine, runde Kirschkern-Pyramiden.

Wie jedes Jahr verging dieser Tag viel zu schnell. Bald schon kitzelte ein letzter Sonnenstrahl Mias Nase. Als schließlich die Sonne fast schon hinter der alten Hecke verschwunden war und die abendliche Luft langsam kühler wurde, gingen alle zufrieden und satt zurück zu dem kleinen Haus.

Während sie schweigend den alten Weg nach vorne gingen, hakte sich Mia bei ihrer Tochter ein, zog sie sanft an sich und sagte:

»Und morgen, morgen kommen wir wieder, mein Kind. Dann schauen wir uns die Wunder des Lebens an, die sich über Nacht ereignet haben. Denn weißt du: Das Leben ist wie eine Kirsche. Wenn wir erblühen, schmeckt das Leben so intensiv und süß, dass man gar nicht genug davon bekommt. Unsere Tage sind endlos und die Nacht liegt im Schatten der Sonne hinter einem ewigen Horizont verborgen. Wir wachsen täglich zum Licht und entdecken so in unserem Leben mit jedem Morgen neue Wunder. Wie die Kirsche, wirst auch du dann eines Tages auf Reisen gehen, Altes loslassen, um dein Sein in ganzer Blüte in dieser Welt zu zeigen. Doch wie die Frucht bekommt auch unser Leben irgendwann die ersten Dellen, wir sehen Risse in unserer Haut, Wunden, die dir weh tun und nicht mehr so einfach heilen werden. Doch an allem, was dir in deinem Leben begegnen wird, wirst du wachsen. Dein Weg wird dir zeigen, dass du die Gabe in dir trägst, diese Verletzungen in Liebe zu verwandeln, Kraft aus deinen Wurzeln zu schöpfen, um aus deinen Wünschen Wirklichkeit werden zu lassen. Du wirst erkennen, dass die Risse in deiner Haut nur Teil einer Hülle sind, die mit der Zeit vergehen. Denn in dir ist die ganze Süße des Lebens, aber auch die ganze Verantwortung des Seins. Und es braucht nur ein wenig Erde, Wasser und die eine oder andere liebevolle Hand, damit sich dein

wahres Selbst entfalten kann und du zu wahrer Blüte gelangst.«
Ihre Tochter dachte eine Weile darüber nach, was ihre Mutter gesagt hatte, strahlte sie an und sagte:

»Du meinst also, ich bin eine Kirsche, Mama?«

»Naja, so süß wie eine Kirsche bist du ja«, antwortete ihr Mia, und zwinkerte ihrer Tochter mit dem für die beiden so typischen Verschwörerinnen-Lächeln liebevoll zu.

Für meine Grosseltern.

Wir sehen uns wieder.

Alles wird gut. Ein ziemlich persönliches Nachwort

»Alles wird gut« – Das sind die Worte meiner Kindheit. Immer wenn mal etwas »schief gegangen« ist, konnte ich darauf vertrauen, dass mich meine Mutter in den Arm nahm, durch meine Haare strubbelte und mir genau dieses Versprechen gab.

Und das konnte ich auch gut gebrauchen:

Bei der Beule, die ich vom Schlammwerfen in Leipzig – Grünau bekommen habe, bei meiner Angst vor dem pöbelnden Alex aus der 5b, der uns Zweitklässler ständig auf dem Schulhof traktiert hat, bei der »5« in Deutsch, weil ich bei »Im Westen nichts Neues« wohl irgendwie das Thema verfehlt hatte, dem Schlüsselbeinbruch beim Ringen, als ich mich schlicht überschätzt hatte oder bei der ersten zarten Liebe, die verglühte, bevor sie richtig zu leuchten begann… .

Genau genommen gab es unzählige Dinge in meinem Leben, bei denen ich immer wieder dachte, das mein Leben wie ich es kannte und liebte, nun wirklich und endgültig vorbei sei, dass es so nicht mehr weitergeht.

Auf gar keinen Fall. Niemals.

In all diesen dunklen Stunden hat mir dieses kleine »Alles wird gut« wieder Licht in meine Welt gezaubert.

Entgegen meiner Erwartung und wohl auch meiner inneren Einstellung in diesen Momenten ging mein Leben doch immer »irgendwie« weiter. Mal schnell, mal langsam, mal groß, mal klein – aber doch immer weiter. Und mit jeder Sache, die so im Laufe der Zeit tatsächlich wieder »gut« wurde, fasste ich auch nach und nach mehr Vertrauen zu mir und in mein Leben, erlangte Sicherheit im Umgang mit kleinen und manchmal auch den großen Krisen.

Heute ist es für mich selbstverständlich, mich nicht mehr in Frage zu stellen, wenn ich doch mal wieder aus der mittlerweile recht gleichmäßigen Bahn meines Lebens geworfen werde. Ich weiß, dass dieser unaufgeregte Umgang mit mir selbst Teil eines langen Weges ist, ein Lernprozess, der seit meiner Kindheit anhält und der mich gelehrt hat, meinem Leben wirklich zuzuhören, wenn es zu mir spricht. Doch es gibt nach wie vor Situationen auf diesem Weg, in denen ich dem Leben nicht vertraue, in denen ich diesem verführerischen »Alles wird gut« keinen Glauben schenken kann.

Vielleicht geht es dir ja ähnlich.

Aus der Schlamm-Beule und dem Alex aus der fünften Klasse von damals sind heute die essenziellen Dinge des Lebens geworden, Ereignisse, die uns tief im Herzen treffen, die lebensverändernd sein können. Wenn wir wie Mia einen geliebten Menschen verlieren, tragen wir ihn, wie die Heldin dieses Buches, stets in unserem Herzen – selbst wenn er schon lange von uns gegangen ist. Denn die Narben, die ein solcher Verlust schlägt, sind tief und dauerhaft. Und wenn wir manchmal in diesen Tälern unserer Seele wandern, erzeugen unsere Schritte dort ein nie verhallendes Echo in unserem Herzen, eine stetige Erinnerung an den Menschen, den wir verloren haben.

Die Wahrheit ist: Zum Leben gehört auch der Tod.

Auch ich musste mich im Laufe meines Lebens diesem Thema stellen. Deswegen ist dieses Buch auch ein kleiner Teil von mir.

Nachdem mein Opa, zu dem ich eine sehr enge Bindung hatte, vor ziemlich genau 20 Jahren im Krankenhaus gestorben war, fiel es mir lange Zeit sehr schwer, in mein normales Leben zurückzufinden. Die Fragen nach dem

»Warum?«,
»Warum jetzt?«,
»Warum so früh?«,
»Warum so?«

ließen mich nicht los und führten dennoch ins Nichts, weil mein Großvater sie mir hier ja nicht mehr beantworten konnte. Ich fühlte mich allein. Und das tat weh. Gerade am Anfang. Mein

Herz krampfte wie das von Mia und auch ich wollte nicht wahrhaben, was nicht sein darf. Meine Trauer hatte mich fest im Griff, ich drohte langsam in ihr zu ertrinken.

Ich hielt die Trauerrede für ihn an seinem Grab und war ehrlich dankbar für die Gelegenheit, so Abschied nehmen zu können. Währenddessen und danach konnte ich endlich weinen. Lange und ausgiebig. Ich konnte loslassen.

Weißt du, irgendwann, wenn sich in unseren Herzen genug Tränen gesammelt haben, finden sie den Weg in die Freiheit. Und mit meinen Tränen wusch ich auch das Grau von meiner Seele ab, bevor es dauerhaft auf mich abfärben konnte. Ich konnte langsam wieder die Sonne sehen. Erst einen kleinen Strahl, mal hier, mal dort. Dann lernte ich sie wieder zu genießen. Und mit der Sonne im Herzen kam langsam auch die Dankbarkeit für die wunderbare Zeit, die wir gemeinsam hatten.

Nach und nach – ganz langsam – wurde so der Schmerz kleiner. Doch selbst heute, nach so langer Zeit, tut es weh. Doch jetzt ich bin dankbar für diese Narben, denn ich schaue nun gerne und in Liebe zurück.

»Erinnerungen werden zu Sternen in unseren Herzen«, sagt Mias Großmutter. So empfinde ich es auch: Sie leuchten in uns, weisen uns unseren Weg aus unserer eigenen Geschichte heraus, bis auch wir zu einem Stern werden, der in den Herzen anderer Menschen strahlt.
So legte ich nach und nach meine vielen kleinen »Warum«s ab und tauschte sie gegen ein ein großes »Danke«. Danke für die wunder-

volle Zeit, die ich mit meinem Opa genießen durfte. Danke für die großartigen Gespräche, in die wir uns vor so langer Zeit so oft und gerne vertieften. Danke für die vielen Bilder, die ich von ihm und mir in meinem Herzen trage.

Die Erlebnisse, die wir geteilt haben, leben im Herzen weiter. Es sind diese kleinen, leuchtenden Sterne, die über den Tälern meiner Narben strahlen und die mir keiner nehmen kann, auch nicht die Zeit.

Wenn es das Leben weiter gut mit mir meint, werde ich vielleicht selbst bald Opa. Ich freue ich mich darauf, mit meinen Enkeln zusammen die Kirschkerne möglichst weit zu spucken, riesige Stücke Kuchen mit Schlagsahne zu vertilgen und zusammen auf Bäume zu klettern, um die letzten Früchte zu ernten. Ich freue mich darauf, noch einmal das Leben in seiner vollen Süße auszukosten. Noch einmal Erinnerungen sammeln und Sterne im Herzen einschließen, die mir im Abschied leuchten werden, wenn mein Weg irgendwann zu Ende ist.

Denn alles hat seine Zeit und unsere Zeit hier ist endlich. Genau deshalb ist sie auch so kostbar und macht unser Leben so wertvoll. Für uns selbst aber eben auch für alle anderen Menschen, die wir in ihren Herzen berühren.

Im Talmud steht:

»Ein Mensch ist erst vergessen, wenn sein Name vergessen ist.«.

Und so gibt es auch immer ein Bleiben im Gehen. Denn wir leuchten weiter – auch wenn wir schon längst gegangen sind.

Und wer weiß?

Vielleicht leben wir ja hier alle nur in parallelen Welten und sehen uns alle eines Tages durch eine klitzekleine Verschiebung in Raum und Zeit bei einem großen Kirschfest wieder. Dann werden wir Pyramiden aus Kirschkernen bauen und die roten Früchte genießen, bis der Bauch ganz voll ist. Wir werden zusammen die Sonne genießen, uns aneinander kuscheln und uns gegenseitig erzählen, was wir so die letzten Jahre erlebt haben. Das wird wunderschön. Ich weiß es.

Alles wird gut.

Stefan

P.S. Ich danke Dir.

Ja, genau dir. Dir ganz persönlich. Denn du hast ja nicht nur mein Buch gekauft und gelesen, sondern legst es noch immer nicht aus den Händen, obwohl doch die Geschichte schon längst zu Ende ist. Du liest sogar die Zeilen, die sonst nur wenig oder gar keine Beachtung finden. Genau deswegen stehst du hier auch an erster Stelle.

Also: Danke, dass du mit mir auf die Reise durch den Frühling gekommen bist. Danke, dass du mit mir die Schönheit der Blüte bestaunt und den Kirschen geduldig beim Wachsen zugesehen hast. Danke, dass du mit mir von der Süße der Kirschen gekostet hast. Danke, dass du den Kreislauf des Lebens mit mir vollendet hast.

Ohne dich wären in diesem Buch nur Worte auf Papier gedruckt, die vergeblich darauf warten würden, gefunden zu werden. Irgendwie wie ein Ostergeschenk, das vielleicht schön ist, aber zu gut versteckt, um entdeckt zu werden. So aber hast du sie zum Leben erweckt.

Wenn du bis hierher gelesen hast, fühlst du vielleicht auch tief in deinem Herzen, dass »Alles gut wird«. Alles. Auch wenn es heute vielleicht nicht danach aussieht. Auch wenn du es dir heute noch nicht einmal vorstellen kannst. Und auch wenn heute alle anderen sagen, das sei nicht möglich.

Das alles ist nicht wichtig.

Wichtig ist allein die Hoffnung. Aus Hoffnung entsteht Glauben. Aus Glauben wächst der Mut, mit dem wir eigene Erfahrungen sammeln werden. Aus diesen Erfahrungen werden Geschichten in unserem Leben, niedergeschrieben in Büchern wie diesem. Das ist wichtig. Denn das ist deine Wahrheit.

Wir alle tragen diese Geschichten in unserem Herzen, denken sie in unserem Kopf. Und manchmal, manchmal schreiben wir sie auch auf. So entstand auch dieses Buch: Aus dem Leben heraus, mit Aufmerksamkeit, Motivation, Zeit und vor allem: Liebe.

Ich schrieb eine Seite oder auch mal zehn, las mir dann alles nochmal durch, ich zupfte hier, änderte da etwas. Ich pflegte das Buch, holte mir Inspiration und Ideen, träumte auch manchmal von Mia und ihren Großeltern. Irgendwann in diesem Prozess entwickelte das Buch dann so eine Art Eigenleben. Manchmal begrüßte es mich herzlich mit einer Idee, schon als ich das Dokument öffnete. Dann flossen meine Gedanken wie ein munteres Bächlein und ich hatte das Gefühl, alles in wenigen Tagen fertigstellen zu können.

Wenn ich aber mal etwas länger nicht am Buch geschrieben hatte, war es danach zunächst erstmal ziemlich beleidigt, weil ich es so lange nicht beachtet habe. Als Dank stellte es sich dann stur. Das waren dann die Momente, in denen mir das Schreiben schwer fiel, eine Seite ewig dauerte – und letztlich doch noch einmal neu geschrieben werden wollte.

Besonders in dieser Zeit brauchte ich Menschen, die mich weiter motiviert haben, meine Launen ertrugen und mir auch den Freiraum gaben, mich mal muffelig, mal sonnig in meine Schreibkammer zurückzuziehen und erst zum Abendbrot wieder herauszukommen.

Das geht nur mit der besten Familie, die man sich wünschen kann. Janine, ich danke dir dafür, dass du mich immer wieder auffängst, wenn ich an mir zweifle. Ich danke dir, dass du mir die Zeit geschenkt hast, in der dieses Buch entstehen konnte. Ich danke dir für ein halb volles Glas, das mein oft halb leeres zu einem ganzen fügt. Ich danke dir für die vielen tiefsinnigen Gespräche über das Leben, die sich irgendwie auch in den Dialogen zwischen Mia und ihrer Großmutter wiederfinden.

Mia trägt auch ein großes Stück meiner Kinder in sich. Ungeduldig lebensfroh, ungestüm entdeckend, wissbegierig fragend und voller bedingungsloser Liebe. Wenn es sie nicht gäbe, hätte ich ganz bestimmt nicht so über Mias Leben schreiben können, denn meinem Sein würde etwas Entscheidendes fehlen. Deswegen danke ich dem Leben, das es sie mir geschenkt hat, auf dass sie mir immer wieder den Weg zu meiner eigenen Kindheit zeigen.
Meine Eltern werden mir beide ganz sicher – »Irgendwas mit Schreiben« in die Wiege gelegt haben. Vor allem meine Mutter, die selbst so wundervolle Geschichten schreibt, denen ich als Kind gerne gelauscht habe und die sie heute ihren Enkeln vorliest. Danke.

Meinem Opa danke ich für die vielen, vielen Gespräche, die wir bis zu seinem Tod führen konnten. Sie waren mir stets Inspiration und Motivation. Meiner Oma danke ich für meine ersten Erdnussflips, die im kreativen Entstehungsprozess dieses Buches mein stetiger Begleiter waren. Meinem Ausbilder und ja, ich denke, Mentor möchte ich diese Worte schenken: Ohne Dich, Peter, wäre ich nicht so weit gekommen und, falls doch, wahrscheinlich längst, erschrocken über meine eigene Courage, wieder umgekehrt.

Ich danke meinem Leben, dass es mich irgendwie hierhergeführt hat.

So, genug gedankt. Die letzten Zeilen gehören wieder ganz allein dir. Vielleicht haben dich meine Zeilen in diesem Buch ja berührt oder gar inspiriert, vielleicht hat du über sie geredet, nachgedacht, hast vielleicht schon einmal wie Mia gefühlt, eine ganz ähnliche, dir nahegehende Geschichte erlebt. Und vielleicht möchtest du deine Erfahrungen dazu teilen. Oder mir einfach nur eine Nachricht senden.
Dann schreib mir doch deine »Alles ist gut« – Geschichte, deine Gedanken zum Buch oder einfach dein Rezept für deinen Lieblings-Kirschkuchen.

Am besten direkt per E-Mail: Stefan@Alleswirdgut-Buch.de

Ich bin wirklich gespannt auf deine Nachricht. Manchmal antworte ich auch, also nicht erschrecken, wenn mal eine Mail von mir kommt.

Vielleicht hast du nun nach diesem Buch ja Lust, noch ein Stück weiter mit mir gemeinsam zu gehen, oder gar noch ein Buch von mir zu lesen? Ich habe schon ein paar Sachen im Kopf, die gerne aufs Papier wollen. Eine kleine Leseprobe meines gerade entstehenden Buches »Weil jeder Tag zählt« kannst du im Anhang lesen.

Bis ich dieses Buch fertig habe, lesen wir uns vielleicht in einer meiner Zeitschriften (bevorzugt der Auszeit oder der Ich bin), auf meinem Instagram-Profil (@stefan.goedecke, hier kannst du mir kostenlos folgen), einem meiner Kurse oder – am liebsten – per Newsletter, in dem ich (fast) jeden Sonntag ein wenig über das Leben nachdenke. Du kannst gratis mitlesen. Trag Dich hier ein:

www.alleswirdgut-buch.de/post

Ich freue mich darauf, dich dort zu sehen. Bleib neugierig. Bleib lebendig. Bleib du selbst.

Alles ist gut.

Stefan

„Ich liebe Kirschen" – Ein Stück von mir

Wenn im Frühjahr unser Kirschbaum blüht, beginnt für mich die schönste Zeit des Jahres. Neues Leben, überall grüne Blätter, die ersten Blüten, süße Düfte, Bienen. So viel Leben. Neues Leben. Und das jedes Jahr. Ein Geschenk, über das ich mich immer wieder freue. Denn ich mag das: Neu beginnen. Neue Dinge. Ausprobieren. Die Sonne. Den Mai. Das Leben.

Vielleicht liegt das an meinem Lebenslauf. Ich bin ein Wendekind. Während ich meine Kindheit beendete, beendete sich zeitgleich auch auch die DDR. Was vielleicht lustig klingt, war ziemlich hart, weil zu der persönlichen Sinnsuche und Orientierungslosigkeit meiner ausgehenden Pubertät noch der Kollaps eines ganzen Gesellschaftssystems hinzukam. Ziemlich viel für einen 16jährigen Jungen, der eigentlich nur ganz entspannt seine Berufsausbildung mit Abitur beim damaligen volkseigenen Betrieb VEB Geophysik durchlaufen wollte.
Ab da war es mit der Ruhe vorbei: Nicht das ich das bereue, nein, ich wäre nicht da, wo ich jetzt bin, wenn alles so geradlinig weiterverlaufen wäre.

Das Jahr 1990 war die bislang größte Zäsur in meinem Leben. Der Punkt, an dem ich das erste Mal erfahren habe: Leben bedeutet Wandel. Veränderung.

Diese zwei Substantive ziehen sich seitdem durch mein Leben, auch wenn ich in den letzten Jahren meinen sicheren Hafen endlich gefunden habe. Die Wucht der Wende hat mich zunächst nach Rheinland Pfalz gespült, wo ich neben einer sehr soliden kaufmännischen Ausbildung vor allem Demut lernte. Denn fernab der Heimat habe ich mein Leben nicht nur selbst in die Hand genommen, sondern auch komplett neu sortieren müssen. Es gab kein Skype, Whats App oder Zoom. Ein modernes Telefon war noch ein schnurloses DECT-Handgerät, mit dem das Sprechen mit 20 Pfennig pro Minute abgerechnet wurde. Handys wogen ein Pfund und kosteten so viel wie ein halber VW Polo. Echte und intensive Kommunikation mit der Vergangenheit war so nur per Brief möglich: Drei Tage hin, drei Tage zurück, plus »X« für das Schreiben. Das führte dazu, dass ich innerhalb von wenigen Monaten die meisten alten Kontakte verlor, aber auch noch nicht bereit war für neue.

In dieser für mich recht einsamen Zeit fing ich an zu schreiben. Kleine Geschichten, Gedichte, Briefe. Und ich stürzte mich in meine Arbeit, die mir Freude machte. Dabei hatte ich erstmals auch Kontakt mit echtem »Journalismus«. Über das Radio fand ich den Weg zum professionellen Schreiben bei einer Zeitschrift bis ich schließlich Mitgründer eines ersten, kleinen Verlages wurde. Das ging zwar gründlich schief, dennoch schlug ich so neue Wurzeln durch Beruf und auch durch den Sport. Ich fühlte mich wohl. Doch die Liebe hatte andere Pläne mit mir, sie schickte mich nach zehn

Jahren wieder zurück nach Leipzig. Ohne Job, dafür aber verliebt und als junger Vater. Mein Leben änderte sich erneut fundamental. Wieder ein Neubeginn. Alles auf Anfang. Und der zweite Versuch eines eigenen Verlages, der (Danke), gelang. Die Gründungsjahre waren wild, lang, schön und stürmisch. Wie das echte Leben.

Langsam wehte der Wind dann endlich etwas ruhiger und ich fand wieder mehr Zeit zu schreiben und neue Projekte. So entstanden die Zeitschriften Auszeit und Ich Bin, in denen viel von mir und meiner Sicht auf die Welt zu lesen ist. Kleine Geschichten über den Alltag, unser Leben, Achtsamkeit und die Liebe. Viel Wissen, viel Freude und viel Lust auf »Persönlichkeitsentwicklung« und die Frage, ob es das »war«, was das Leben für mich bereithält. Es hat mir gut getan, darüber zu schreiben, es hat mich leichter gemacht. Was ich so schon lange im Herzen trug und als Hobby unentdeckt ein Eremitendasein in mir führte, gelangte so zur Blüte. Eine wieder neue, ganz wundervolle Reise begann für mich. Bis heute entstanden so hunderte Artikel, Berichte, Coachings, Kurse, Zeitschriften.

Dabei wurde mir nie langweilig. Ich entdeckte stets Neues – an mir, in mir und mit mir auf dieser Reise. In meinem Alltag. In den ganz normalen, einfachen Dingen des Lebens.

Ich weiß, viele Autoren finden die Inspiration für ihre Bücher in Indien, einem Yoga Retreat auf Bali oder einer Weltumseglung. Ich nicht. Gut, Ich war auch mal in Malaysia am Strand, stand auf den Fidji-Inseln auf der Datumsgrenze, bin mit Haien getaucht und lief in Moskau über den Roten Platz. Das war schön. Aber das war damals.

Heute sind mir andere Dinge wichtig. Familie, mein kleiner Garten, die Tiere und mein Kirschbaum. Natürlich auch das, was ich so mache. Es ist eine kleine Welt, aber eine, in der viele von uns leben und die auf ihre eigene Art ebenso viel Grenzerfahrung beinhalten kann wie Surfen am Riff.

Ein Beispiel: Wer schon mal zum Kindergarten mit seinen Kleinen gegangen ist, nur um dort festzustellen, dass man den Tagesplan binnen Minuten neu durchdenken muss, weiß ganz sicher, wovon ich schreibe. Denn die Igelgruppe ist fünf Minuten vor dir mit dem Bus auf Wandertag gefahren, der natürlich als Termin in deinem Kalender steht, aber bis zu diesem Moment keine Beachtung fand. So etwas eben.

Für mich werden in diesem, unseren Alltag echte Heldengeschichten geschrieben, von denen wir viel zu wenig lesen (oder auch selbst zu Papier bringen). Dabei ist doch jeder Tag ein neues Abenteuer, gerade weil wir in unserem Leben oft genug mit zu viel Gepäck auf herausfordernden Pfaden unterwegs sind – ob das nun Wandern im Bayrischen Wald oder der Survivaltripp in Sibirien ist.

Deshalb schreibe ich am liebsten über das Leben, die Menschen, die wir lieben lernen und den Alltag, den wir alle kennen und mal mehr und mal weniger mögen. Kleine, leise Geschichten von nebenan. Geschichten aus dem Leben und über unsere Suche nach dem ganz eigenen Weg. Das allein finde ich schon aufregend und abenteuerlich genug. Und wer weiß, was mein Weg noch so alles für mich bereithält.

Ach so: Ich liebe Kirschen. Kirschen sind verdammt lecker! Süß, saftig-herb und gleichzeitig mit einer leichten Säure. In der Kirsch-Zeit nasche ich tatsächlich fast jeden Tag die roten Früchte vom Baum. Als »mein« Kirschbaum noch klein war, dachte ich immer, ich esse so viele Kirschen, dass morgen ganz bestimmt nichts mehr da ist. Das habe ich natürlich nie geschafft. Nicht, dass ich es nicht immer wieder versucht hätte, nein, die Natur war schlicht stärker als mein Magen. Also blieben über die Jahre jede Menge Kirschen für die Stare übrig. Das ist OK, ich teile gerne. Und bestimmt wächst so nun, irgendwo in Leipzig, mindestens ein Kirschbaum-Kind, das vielleicht schon selbst wieder Früchte trägt und anderen Menschen Freude schenkt.

Diese Vorstellung gefällt mir: Freude teilen.

Also, wenn dir mein Buch gefallen hast, probier doch einmal genau das: Teil ein Stück davon mit deinen Freunden, deinen Bekannten, deiner Familie. Lies es vor. Empfiehl es weiter. Jedem, der gerade in seinem Leben ein klein-großes »Alles wird gut« gebrauchen kann. Danke.

Stefan Goedecke, im Dezember 2020

Omas Kirschkuchen mit Streusel und Sahne

Diesen Kuchen hat meine Oma immer für mich gebacken. Einfach, kalorienreich und verdammt lecker. Kuchen eben. Vielleicht ist das ja auch was für dich.

<u>Zutaten und Zubereitung für einen Blech</u>

Das Wichtigste: Die Kirschen

Hol dir deine Kirschen am besten frisch vom Baum. Du brauchst für dieses Rezept circa 700 g Kirschen, was ungefähr drei gut gefüllten Händen der köstlichen Früchte entspricht. Bitte wiege die Menge dennoch ab.

Zunächst solltest du die Kirschen gründlich waschen, danach entsteinst du sie und sortierst die schlechten oder wurmstichigen Früchte aus.

Du kannst natürlich auch die eingekochten Kirschen aus dem letzten Jahr nehmen oder auch ein gekauftes Glas.

Für den Teig brauchst du:

- 200 g Butter
- 200 g Zucker
- eine Packung Vanillezucker
- etwas Salz, (circa einer Messerspitze)
- 400 g Mehl
- 4 Eier

Für die Streusel benötigst du:

- 300 g Zucker
- 300 g Butter
- 400 g Mehl

Ich mag Streusel sehr gerne, deswegen kommt hier bei mir immer ein wenig mehr davon auf das Blech. Du kannst das natürlich gern reduzieren.

Zubereitung:

Gib das Mehl auf deine Arbeitsfläche und forme daraus einen kleinen »Mehl-Berg«. Die Spitze des Bergs drückst du ein. Laß die Butter bei Zimmertemperatur weich werden und gib sie samt den aufgeschlagenen Eiern zum Mehl hinzu. Ergänze nun noch das Salz und und den Vanillezucker. Fang an zu kneten und gib nach und nach den Zucker hinzu. Du kannst dafür natürlich auch deine Küchenmaschine nutzen. Ich mach das aber gerne per Hand. Stell den Teig, wenn er eine feste Konsistenz erreicht hat, für ca. 15 Minuten in den Kühlschrank.

Jetzt kümmerst du dich um die Streusel. Wie beim Teig formst du einen Mehlberg. Auf die Spitze kommen die weichen Butterflocken. Nun gib noch den Zucker hinzu und knete alles gründlich durch.

Wenn du damit fertig bist, holst du den Teig aus dem Kühlschrank heraus und verteilst ihn auf das vorher mit Butter eingefettete Backblech. Pack nun die Kirschen auf dem Teig und zupfe danach die Streusel per Hand auf die Kirschen.

Wenn du magst, kannst du noch ein wenig Zimt auf die Streusel geben. Heize nun deinen Ofen auf 180 °C vor und backe den Kuchen für circa 35-40 Minuten bis die Streusel goldgelb sind.

Jetzt kannst du deinen Kirschkuchen herausholen, kurz abkühlen lassen und mit frisch geschlagener Sahne servieren.

Nicht alles schmeckt gut, aber dieser Kuchen gewiss. Ich wünsche dir einen guten Appetit!

Wenn du auch einen Kirschkuchen gebacken hast – nach diesem oder auch deinem Rezept – kannst du mir ein Foto deines Kirschkuchens samt Rezept gerne per E-Mail schicken:

Stefan@Alleswirdgut-Buch.de

Die besten Kuchenstücke werden auf der Buchseite zum Dauerbackwerk, wenn das für dich OK ist. Vielleicht wird die Seite ja so mit deiner Hilfe die leckerste Kirschkuchenseite der Welt…

Leseprobe aus: „Weil jeder Tag zählt"

Das Buch für mehr Leichtigkeit und Lebensfreude von »Alles wird gut«-Autor Stefan Goedecke, erschienen in Edition Auszeit, Auerbach Verlag.

Das Geschenk deines Lebens

Kennst du das? Diesen Moment, in dem wir uns ein Fotoalbum aus dem Schrank herausholen, uns einen Tee machen und uns bequem auf das Sofa setzen. Der Moment, in dem wir in unsere Vergangenheit, in unsere Geschichte abtauchen, Bilder aus unserer Kindheit aufleben lassen. Der Moment, in dem uns bewusst wird, dass wir schon einen langen Weg gegangen sind und das Ziel näher als der Anfang ist. Der Moment, in dem wir erkennen, dass die uns gegebene Zeit kostbar ist, die Zeit, die uns am Tag unserer Geburt das Leben persönlich mit vielen anderen guten Wünschen in die Wiege gelegt hat.

Es ist dein größtes Geschenk, es ist das Geschenk deines Lebens.

Damals, als wir noch klein waren, nutzten wir diese Gabe. Wir lebten und liebten jeden Tag. Bedingungslos. Langsam wurden wir erwachsen und kosteten noch mehr von unserem Geschenk. Das Leben pulsierte in uns, der kräftige Schlag unserer Herzen gab den wilden Takt unseres Seins vor. Jeder Tag gehörte uns, war unendlich und selbst die Nacht roch nach Abenteuer, stets mehr Faszination als Schrecken. Wir fühlten uns stark, wir flogen, getragen von den Schmetterlingen in unserem Bauch, in rasendem Tempo durch unsere Welt.
Das war die Zeit, in der wir irgendwann nicht mehr an unser Geschenk gedacht haben, weil es sich so selbstverständlich angefühlt hat, es zu besitzen. So haben wir versäumt, immer mal »Danke« zu sagen für all die großen und kleinen Wunder, die uns das Leben täglich zeigte.

Wir haben unser Geschenk irgendwo hinter einem Vorhang abgestellt in der Hoffnung es dort zu finden, wenn wir es einmal brauchen würden. Dort verstaubt es nun neben den alten Fotoalben, dem Teddy aus deiner Kindheit und deinem letzten Schulzeugnis.

Nach und nach, meist wenn es uns nicht so gut geht, schleichen wir in den Keller unserer Erinnerungen, suchen den Schrank und schieben den Vorhang beiseite. Wir schauen uns die Fotos an, denken an die »gute Zeit« von damals und vergewissern uns, das noch »alles da ist«. Wir denken in solchen Situationen liebevoll an unsere Vergangenheit, aber kehren genauso schnell wieder zurück zur Sonne und kosten weiter vom Leben.

Je älter wir werden, desto ausgetretener wird die Treppe in unseren Keller, desto häufiger schauen wir hinter den Vorhang. Wir fühlen, dass unsere Tage kürzer werden. Wir können manchmal nicht einschlafen, weil wir wehmütig an die unbeschwerten Tage unserer Jugend und das pulsierende Lebens in uns zurückdenken. Unsere Nächte werden länger und machmal weicht die Dunkelheit auch am nächsten Morgen nicht von unserer Seele. In dieser Zeit machen wir uns wieder auf die Suche nach dem Geschenk, das wir einst erhielten. Wir wissen, dass wir es einst irgendwo neben unseren Erinnerungen in diesen Schrank im Keller gepackt haben. Hinter den Vorhang, den wir nun schon so oft vor- und zurückgezogen haben. Wir suchen es in unseren Fotoalben von damals, im Duft des Teddys, der noch ein Stück unserer Kindheit bewahrt hat. Irgendwo hier liegt es versteckt. Du weißt es, aber du vermagst es nicht mehr zu finden, da du nicht weißt, wonach du genau suchen sollst. Du weißt nur, dass es mit diesem unbändigen Leben von damals in uns, den Schmetterlingen im Bauch und dem Glanz in unserer Augen zu tun hatte. Du weißt noch, wie es sich anfühlt, du kennst noch seine berauschende Wirkung. Aber du hast vergessen, wie dieses Geschenk aussieht.

Irgendwann bist du dir dann gar nicht mehr sicher, ob du es wirklich in diesen Schrank hineingepackt hast. Denn du hast schon alles zehn, zwanzig Mal raus – und wieder reingeräumt – und doch hast du es nicht mehr gefunden. Dabei wünschst du dir dieses Geschenk so sehnlich zurück, viel sehnlicher als alles andere. Noch einmal Leichtigkeit fühlen, noch einmal groß träumen, noch einmal in Gedanken zur Sonne fliegen. Noch einmal alle Zeit der Welt haben, unbegrenzt, unbändig, ungezähmt. Doch die Zeit können wir nicht zurückdrehen, sie ist endlich, auch wenn sie uns doch einst so endlos erschien.
Und so fühlt sich das Leben heute anders an, ja.
Doch das ist auch OK, denn es ist ja auch anders.

Wir verändern uns im Laufe der Zeit, während wir unser Geschenk leben. Erst bemerken wir das gar nicht. Und etwas später sehen wir zwar, wie wir uns verändert haben, wollen es aber oft nicht wahrhaben. Doch irgendwann weist uns das Leben in seiner Weisheit deutlich daraufhin, dass wir die großen Koffer ab jetzt besser unsere Söhne tragen lassen sollten. Alles im Leben hat seine Zeit. Das lernen wir durch unser Geschenk. Das tut manchmal weh, weil wir glauben, alles müsste ewig so sein, wie es einmal war.
Doch die Zeit verändert auch mich und dich. Leben kann sich nicht im Stillstand entfalten. Und so gehören auch die Falten, Dellen und Beulen unseres Lebens zu uns. Denn sie alle sind Zeugnisse unserer Einzigartigkeit, unserer Erfahrungen und Erlebnisse. Erst mit Wachstum wird Reife ermöglicht. Und mit unserer Reife, den Gedanken und Ideen eines Menschseins, können wir neuem Leben beim Erblühen helfen. Unser Geschenk hat uns also auch Aufgaben auf unseren Weg gegeben, Aufgaben die mit der Zeit, die wir schon gelebt haben, nicht einfach verschwinden, sondern sich nur verändern.

Das Bewusstwerden, dass Zeit endlich ist und uns und unser Leben verändert, ist ein teils schmerzlicher Prozess. Wir müssen loslassen lernen, Veränderung zulassen. Wir sehen Abschiede und wissen deshalb, dass auch wir irgendwann gehen werden.

Weil das Leben ist. Diese Erkenntnis ist in der uns gegebenen Zeit verborgen – und sie macht dein Geschenk erst kostbar. Und egal ob du es willst oder nicht – dieses Geschenk gab es damals nur ganz: als Gefühl der Unendlichkeit, des unstillbaren und schier endlosen Genusses zusammen mit der Akzeptanz der Endlichkeit unseres Lebens, dann, wenn die Reife dem Abschied weicht.

Dann gibt es kein Morgen mehr, nur noch Erinnerungen. Dann ist es zu spät, noch einmal ans Meer zu fahren und die Füße in die Ostsee zu halten. Dann ist es zu spät, das erste Mal Sushi zu essen. Dann ist es zu spät, deinem Partner zu sagen, dass du ihn liebst.

Dann ist es zu spät.

Wir haben viel Zeit geschenkt bekommen, aber früher oder später erkennen wir alle, dass sie endlich ist. Sie läuft seit unserer Geburt ab, Stunde um Stunde, Minute um Minute, bis auf unserer Lebensuhr nur noch Sekunden stehen.

Dann ist es zu spät.

Zu spät, noch einmal Fußball zu spielen. Zu spät sich neu zu verlieben. Manchmal sogar zu spät für einen Abschied. Und in einem dieser Fotoalben-Momente erkennen wir das.

Ich weiß, dass du, ich, wir alle irgendwann nach unserem Geschenk suchen werden, dann, wenn wir merken, dass die Tage nicht unendlich sind und das es auch eine Nacht für uns geben wird. Dann sehnen wir uns danach, es wieder zu finden. Wir suchen es. Überall. Meist an den falschen Orten. Wir glauben, es zu finden, wenn wir dies oder jenes tun oder haben oder kaufen. Doch dieses Geschenk ist nicht käuflich, denn es ist einfach nur tief in uns verborgen. Es war nie weg.
Denn du fühlst auch heute noch die Schmetterlinge in deinem Bauch. Sie flattern nicht mehr so ungestüm bei jeder noch so kleinen Sache wie früher. Aber sie sind noch immer da. Die Schmetterlinge werden nur mit uns gemeinsam jedes Jahr ein

wenig älter, erfahrener und auch entspannter. Leg dir die Hand auf deinen Bauch und fühl in dich hinein: Du kannst sie spüren. Denk an die schönen Dinge deines Lebens heute, gestern, morgen und ihr zarter Flügelschlag wird dich kitzeln und wieder glauben lassen. Du spürst den Takt deines Herzens – ruhiger – vielleicht, aber nicht minder kräftig und stark. Und es gibt noch immer Nächte voller Abenteuer, Erlebnisse, die da draußen auf uns warten. Statt mit Wehmut zurückzublicken ist es an der Zeit, mit Dankbarkeit das Erlebte zu feiern.

Wir werden in unseren Erinnerungen nicht finden, was wir glauben, verloren zu haben. Es geht auch gar nicht darum, dass alles so ist wie früher. Denn Erinnerungen sind Vergangenheit, eine die dich prägte und aus dir den Menschen gemacht hat, der du jetzt bist. Doch heute lebst du im Jetzt und da draußen warten noch so viele Wunder auf dich!

Wenn Du also vielleicht gerade heute wieder einmal auf deiner ausgetretenen Kellertreppe der Erinnerungen stehst, auf der Suche nach deinem Geschenk: Geh wieder nach oben.

Genieß die Sonne, mach eine Spaziergang, telefoniere mit Freunden. Schau Netflix oder iss die Schokolade, die noch von Weihnachten übrig ist. Mach Pläne, mal dir deine Zukunft in den buntesten Farben. Lache, Weine. Liebe. Nutze jede Sekunde. Denn genau das würde sich das Leben von dir wünschen, das dir deine Zeit einst zu deinem ersten Geburtstag so großzügig geschenkt hat.

Es gibt keinen Vorhang vor einem Schrank, keinen Staubwedel, der die dir geschenkte Zeit hinter alten Fotoalben und deiner Modelleisenbahn wieder freilegen könnte. Denn dein Geschenk ist in dir und du trägst den Schlüssel zu ihm in deinem Herzen. Du musst nur daran glauben. So einfach, so schwer. Öffne dein Herz, zieh den Vorhang deiner Gedanken weit auf und gib der Sonne und dem Leben einen Platz in dir. Sei weiter neugierig, freu dich auf das, was da noch kommt und das was dann als neue Erinnerung bei dir bleiben wird.

Das Leben ist nicht zu Ende, nur weil wir den schweren Koffer nicht mehr gut tragen können. Es ist eben nur – anders. Und doch so lebenswert. Wenn du heute mit deinem Schlüssel dein Herz aufschließt, wirst du schon bald neue Erinnerungen in deinen Schrank stellen können. Die erste Reise nach Sardinien vielleicht, ein Sprachkurs in Spanisch oder die zweite große Liebe, die anders ist als die erste, aber dennoch wunderschön. Denn unsere Zeit ist erst zu Ende, wenn sie zu Ende ist. Und dieser Tag ist nicht heute. Dieser Tag mag bald kommen oder er ist noch in weiter Ferne. Ich weiß es nicht. Ich weiß nur, dass ich meine Zeit nutzen möchte, jede Sekunde davon. Gerade weil ich weiß, dass Zeit endlich ist.

Du brauchst nicht weiterzusuchen. Du hast dein Geschenk nie verloren. Es ist in deinem Herzen, es wird für dich immer dort sein. Und es freut sich darauf, dass du es wieder entdeckst. Heute, vielleicht? Nein. Heute, bestimmt!

Denn diese Zeit ist deine Zeit.

Und deine Zeit ist jetzt.

Mehr Literatur aus der Edition Auszeit

www.stefangoedecke.de